Christiane Eiberger, Heide Hildebrandt

Lehrersprache im Grundschulunterricht

Trainingsbausteine für eine wirksame verbale und nonverbale Kommunikation

Persen
Persen Verlag

Die Autorinnen:

Christiane Eiberger hat 1985 an der Pädagogischen Hochschule Heidelberg ihr Studium der Sprach- und Lernbehindertenpädagogik und Germanistik abgeschlossen. Neben ihrer Tätigkeit als Lehrerin in der Sprachförderung von Schülern in der Integration arbeitete sie in einer eigenen Praxis mit Kindern und Jugendlichen. Sie ist seit 2007 als Hauptseminarleiterin im Landesinstitut für Lehrerbildung in Hamburg tätig und leitet seit 2010 den Anpassungslehrgang „Lehrer aus aller Welt". Im Rahmen der Lehrerausbildung berät sie Lehrer mit Deutsch als Zweitsprache und führt Seminare zum Training der Lehrersprache durch.

Heide Hildebrandt hat 2003 an der Universität Hamburg ihr sonderpädagogisches Studium in den Fachrichtungen Sprach- und Lernbehindertenpädagogik sowie im Fach Mathematik abgeschlossen. Seit 2005 unterrichtet sie Schüler mit Förderbedarf in den Bereichen Sprache, Lernen sowie emotionale und soziale Entwicklung. Sie arbeitet seit 2010 als Fachrichtungsseminarleiterin im Förderschwerpunkt Sprache am Landesinstitut für Lehrerbildung und Schulentwicklung. Im Rahmen der Lehrerausbildung führt sie Seminare zum Training der Lehrersprache durch.

Gedruckt auf umweltbewusst gefertigtem, chlorfrei gebleichtem und alterungsbeständigem Papier.

1. Auflage 2013

Grafik: Julia Flasche
Fotos: © Christiane Eiberger, Heide Hildebrandt
Satz: Satzpunkt Ursula Ewert GmbH, Bayreuth

ISBN 978-3-403-23273-5

www.persen.de

Übersicht über Begleit-DVD

Übungs- und Reflexionssequenzen aus Kapitel 5 (Trainingskonzept)

① Hochstatus – Tiefstatus (06:55 min)
② Gleiche Inhalte unterschiedlich präsentieren (0:28 min)
③ In Beziehung gehen (03:12 min)
④ Eine Aufforderung formulieren (02:40 min)
⑤ Eine Rückmeldung geben (04:70 min)
⑥ Schüler korrigieren (02:80 min)
⑦ Loben und kritisieren (02:42 min)
⑧ Abschließende Feedbackrunde (03:22 min)

1 Vorwort

Eine Unterrichtssituation: Frau M. betritt ihre neue Klasse. Schwungvoll schreitet sie vor die Kinder, lächelt ihre neuen Schüler[1] an. Gespannte Blicke begegnen ihr, neugierig schaut sich die Klasse 1 ihre neue Lehrerin an. Irgendwie nett sieht sie aus, hübsch ist sie gekleidet. Dann begrüßt Frau M. die Kinder mit einer ruhigen, warmen Stimme und stellt danach eine Frage, die viele Kinder beantworten möchten. Die Lehrerin lächelt. Sie scheint fröhlich zu sein. Leise fordert sie zum Stuhlkreis auf. Viele möchten neben ihr sitzen. Ein Mädchen hat Angst. Frau M. geht ruhig zu ihr hin und flüstert ihr etwas ins Ohr. Nach erstem Zögern steht das Mädchen auf, nimmt die Hand ihrer Lehrerin und geht mit ihr in den Stuhlkreis.
Ist Frau M. die geborene Lehrerin? Hat sie eine gewisse Lehrerpersönlichkeit, die dazu beiträgt, mit Kindern erfolgreich zu arbeiten? Wenn ja: Ist diese Lehrerpersönlichkeit angeboren, oder kann man sie durch den Einsatz von bestimmten Techniken erlernen?
Es gelingt Frau M., in der Rolle als Lehrerin, Beziehungen herzustellen, Kommunikationsprozesse anzuregen, das Selbstvertrauen von Kindern zu unterstützen und individuell auf ihr Verhalten einzugehen.

Kommunikation ist Voraussetzung für den Lernzuwachs und Grundlage guten Unterrichts.

Kommunikation nimmt im Unterricht viel Raum ein und ist Voraussetzung für einen Lernzuwachs der Schüler sowie Grundlage guten Unterrichts. Der Lehrer gestaltet kommunikative Prozesse, begleitet individuelle Lernwege und steuert die Gruppendynamik einer Lerngruppe. Der Erfolg dieser Aktivitäten ist geprägt von der Art und Weise der Lehrerpersönlichkeit, die durch ihre Sprache einen Ausdruck erfährt. Dabei meint Sprache, die in diesem Buch als Lehrersprache spezifiziert wird, nicht nur den verbalen Anteil, sondern impliziert nonverbale Aspekte. Sprache meint das gesamte kommunikative Verhalten.
„Manchmal habe ich den Eindruck, dass sich Kolleginnen zu sehr darauf konzentrieren, ob das, was sie sagen, auch hinreichend gescheit ist, und zu wenig beachten, ob sie ihre Adressaten/innen damit auch erreichen." (Bovet (2010), S. 9)
Die Frage ist also: WIE sage ich es als Lehrer, um WAS dabei zu erreichen? Der permanente Blick auf den Kommunikationspartner (Schüler) ist dabei entscheidend.
Unterrichten ist deutlich mehr, als Kinder dabei zu unterstützen, sich Fachwissen anzueignen. Ich muss als Lehrer erst einmal in Beziehung zu Kindern kommen. Dies hört sich selbstverständlich an, ist jedoch eine komplexe Anforderung. Mit Kindern zu sprechen, sie zu loben oder zu disziplinieren, zu trösten oder zu ermuntern sowie Konflikte zu klären, geschieht über Sprache. Der Blick auf den Lernprozess und den Lerngegenstand steht dabei im Vordergrund.

Wie gestalte ich meine eigene Lehrersprache und wie kann ich meine Sprache, die Teil meiner Lehrerpersönlichkeit ist, weiter verbessern? Fragen, die sich Lehrer in der Praxis häufig stellen, sind zum Beispiel: Rede ich zu viel? / Bin ich häufig zu laut? / Formuliere ich zu komplex? / Bin ich zu streng? / Was heißt, sich zurückzunehmen? / Was heißt, individuell anzusprechen? / Erreiche ich mit meiner Erklärung alle Schüler? / Warum versteht mich Schüler x nicht? / Warum hören mir die Schüler nicht zu?

[1] Aus Gründen der besseren Lesbarkeit wird in diesem Buch für „Lehrer und Lehrerin" sowie „Schüler und Schülerin" durchgehend die maskuline Form verwendet.

Dieses Buch soll alle Menschen ansprechen, die Schüler in ihrem Lernen und Verhalten begleiten. Menschen, die etwas vermitteln wollen und dabei gleichzeitig in Begegnung mit anderen stehen möchten.
Wir haben im Laufe der Jahre unterschiedliche Trainingsbausteine entwickelt, durch die sich Lehrer sprachlich ausprobieren, reflektieren und darüber weiterentwickeln können. Aufgrund der Nachfrage vieler Lehrer, Referendare, Seminarleiter und Schulleiter haben wir schließlich dieses Buch verfasst. Es beinhaltet theoretische Aspekte von Lehrersprache sowie viele Übungsmöglichkeiten im und außerhalb des Unterrichts. Eine Anwendung im Alltag ist in folgenden Settings möglich: im alltäglichen Unterricht / in verschiedenen Formen von Hospitationen, wie beispielsweise Kollegenhospitationen oder Kleingruppenhospitationen / in Seminaren / in Konferenzen und Fortbildungen. Filmisch umgesetzte Übungssequenzen von typischen kommunikativen Unterrichtsituationen auf der beigefügten Film-DVD bieten Ihnen dazu hervorragendes Anregungs- und Trainingsmaterial.
Lehrersprache ist trainierbar! Die Auseinandersetzung mit der eigenen Sprache und somit seiner eigenen Lehrerpersönlichkeit ist jedoch kein zeitlich begrenztes, sondern ein lebenslanges Thema.

Lehrersprache ist trainierbar

Wir wünschen unseren Lesern, dass sie viele neue interessante Aspekte zum Thema Lehrersprache erfahren und vor allem viel Freude und Lust am Ausprobieren haben.

Wir bedanken uns für die Begleitung, den kritischen Blick und die aktive Mitarbeit beim Filmen.

Danke an:
Rüdiger, Edda und Selma
Christina Iserhot
Helga Kruse-Moosmayer

Danke an die Filmteilnehmer:
Franz Schubert
Claudine Abeln
Michael Abeln
Marie Mährlein
Dr. Marina Werner
Karen Velaszquez Puerto
Kerstin Danielsson
Angela Flehr

2 Annäherung an das Thema

2.1 Was ist Lehrersprache?

Tätigkeit des Lehrens und Lernens findet primär über die Sprache statt.

„Was unterscheidet Sprache von Lehrersprache?" „Gibt es eine spezielle Lehrersprache?" Diese und ähnliche Fragen werden uns im Zusammenhang mit unserer Arbeit immer wieder gestellt. Die Terminologie Lehrersprache taucht in der Umgangssprache jedoch häufig auf. Der Begriff Lehrersprache erscheint in der Fachliteratur vor allem in sprachheilpädagogischen Zusammenhängen. Die Tätigkeit des Lehrens und Lernens findet primär über die Sprache statt. „Du sprichst wie ein Lehrer." „Du bist belehrend." Wir alle kennen diese stereotype Beschreibung von Personen, die die Art und Weise des Sprechens eines Lehrers aufgreift.

Die klassische alte Stereotypisierung des Lehrerbildes finden wir in der Verfilmung „Die Feuerzangenbowle". Hier werden sprachliche Mittel sehr abgegrenzt vom Lebensweltbezug eines Schülers benutzt. Zu der Zeit, in der der Film spielt, wurde die Sprache eines Lehrers neben Schulbuch und Tafel in dozierender Art und Weise eingesetzt und ermöglichte weder eine konstruktive Lernatmosphäre noch unterstützte sie sinnvolle Lernstrategien beim Schüler. Durch diesen Gebrauch von Sprache wurde eine Distanz zu den Schülern geschaffen. Disziplinarisches Ziel war es, eine ruhige Lernatmosphäre über Angst zu schaffen.

Seit dieser Zeit hat ein Paradigmenwechsel in der Ausübung der Lehrerrolle stattgefunden.

Lehrersprache ist ein wichtiger begleitender Faktor für den Lernweg von Schülern.

Aus heutiger Sicht werden Methoden im Unterricht angewendet, die es Schülern ermöglichen, nach ihrem individuellen Können zu lernen und sich weiterzuentwickeln. Der Lehrer organisiert und strukturiert Unterrichtsprozesse und berät und begleitet die Schüler in ihrem Lernprozess. Im Sinne des kompetenzorientierten Unterrichtens[2] ist der Lehrer in seiner Gestaltung der Unterrichtsprozesse neu gefragt. Die Lehrersprache wird zu einem bedeutsamen Element in der Gestaltung von Lehr- und Lernprozessen. Sie ist ein wichtiger begleitender Faktor für den Lernweg von Schülern. Der Paradigmenwechsel vom lenkenden frontalen Unterricht hin zu kooperativer Prozesssteuerung verlangt auch eine neue Gestaltung von Sprache im Unterricht. Der Einsatz von Lehrersprache ist facettenreich und kann differenziert angewendet werden, um die vielschichtigen Aufgaben sinnvoll zu erfüllen. Lehrersprache sollte dabei bewusst und reflektiert eingesetzt werden. Hinter dieser zunächst oberflächlich erscheinenden Forderung verbergen sich komplexe Anforderungen, die im Unterricht umgesetzt werden sollen. Was Lehrersprache ausmacht und wie man sie üben kann, soll in diesem Buch dargestellt werden.

Der Hamburger Referenzrahmen[3] stellt zusammenfassend die basalen Tätigkeiten des Lehrers aus den bundesweiten KMK-Empfehlungen[4] dar. Die Handlungsfelder „Unterrichten" / „Erziehen und Beraten" / „Diagnostizieren, Beurteilen und Bewerten" sowie „Schule entwickeln" stellen komplexe sprachliche Anforderungen an den Lehrer.

---

[2] Nach Weinert versteht man unter Kompetenzen „die bei Individuen verfügbaren oder durch sie erlernbaren kognitiven Fähigkeiten und Fertigkeiten, um bestimmte Probleme zu lösen, sowie die damit verbundenen motivationalen, volitionalen und sozialen Bereitschaften und Fähigkeiten, um die Problemlösung in variablen Situationen erfolgreich und verantwortungsvoll nutzen zu können." (Weinert (2001), S. 27f.)

[3] Der Hamburger Referenzrahmen zur Ausbildung von Referendarinnen und Referendaren ist zu finden unter: li.hamburg.de

[4] siehe: http://www.kmk.org/bildung-schule/allgemeine-bildung/primarstufe.html

Einige sprachliche Anforderungen finden wir in folgenden Regelanforderungen beschrieben:

- Der Unterrichtende kommuniziert und interagiert situations-, altersangemessen und empathisch.
- Der Unterrichtende wendet Regeln der Gesprächsführung sowie Grundsätze des Umgangs miteinander an, die in Unterricht, Schule und Elternarbeit bedeutsam sind, und setzt diese zielführend ein.
- Der Unterrichtende kennt sich fachbegrifflich eingehend aus.
- Der Unterrichtende leitet und begleitet im Unterricht funktional.
- Der Unterrichtende teilt Lernziele mit, begründet sie und formuliert Kriterien der Zielerreichung.
- Der Unterrichtende stellt Kontakt zur Gruppe und zu den Einzelnen her.
- Der Unterrichtende begegnet den Schülern mit positiver Erwartungshaltung.
- Der Unterrichtende agiert wertschätzend und respektvoll.
- Der Unterrichtende setzt Mimik, Gestik und Sprache kontextbezogen ein.

Regelanforderungen enthalten sprachliche Aktivitäten.

„Der Lehrer/die Lehrerin steht vor einer großen Anzahl von verschiedenen Unterrichtssituationen, die auch Beziehungssituationen sind. Diese können nur langfristig erfolgreich umgesetzt werden, wenn der Lehrer/die Lehrerin über [...] ein großes Repertoire an anderen situations- und beziehungsbezogenen Verhaltensmöglichkeiten verfügt." (Plath, Maike (2010), S. 11) Es sei an dieser Stelle noch einmal zu betonen, dass Beziehungssituationen durch Sprache (verbal und nonverbal) geschaffen werden müssen.

Sprache schafft Beziehung.

Kommunikation steht zudem in einem engen Zusammenhang mit der kognitiven Entwicklung. Gerade das Miteinandersprechen fördert den Wortschatz, welcher nach wissenschaftlichen Studien eine große Korrelation zur Intelligenz aufweist (siehe Artikel aus: Die Zeit (2007)). In den dort beschriebenen Untersuchungen korreliert der Umfang des Wortschatzes von Jungen und Mädchen am deutlichsten nicht etwa mit dem Familieneinkommen, sondern mit der Zahl der Wörter, die die Eltern mit ihren Kindern sprechen. Zudem ist der Charakter der Anrede, die Art und Weise des Erklärens, entscheidend für das Verstehen von Gesprochenem. Besonders die Qualität von Lob bekommt eine große Bedeutung für die Entwicklung der Sprache und damit der Persönlichkeit eines Kindes.

Der Lehrer bietet auch mit der eigenen Sprache eine weitere Entwicklungsmöglichkeit für den Schüler: Er ist ein „hör- und sehbares" Modell, auf das der Schüler mehrere Stunden am Tag zugreift, um sich in seinen eigenen (sprachlichen) Kompetenzen weiterzuentwickeln.

Er ist ein „hör- und sehbares" Modell, auf das der Schüler mehrere Stunden am Tag zugreift, um sich in seinen eigenen (sprachlichen) Kompetenzen weiterzuentwickeln.

Aufgrund der speziellen Handlungsfelder „Unterrichten" / „Erziehen und Beraten" / „Diagnostizieren" und „Beurteilen und Bewerten" unterscheidet sich die Kommunikation eines Lehrers in vielen Bereichen von den Personen, die außerhalb von Schule mit Schülern kommunizieren.

Zusammenfassend lässt sich feststellen, dass es eine an schulische Anforderungen angepasste Sprache, eine Lehrersprache, gibt. Sie ist der Schlüssel für eine gute und konstruktive Lernsituation und stellt ein anschauliches Modell zur eigenen Sprachproduktion bereit.

2.2 An wen richtet sich das Buch?

Das Buch richtet sich an Referendare, Berufseinsteiger und erfahrene Lehrer sowie Studenten, die sich mit dem Thema Lehrersprache auseinandersetzen möchten.

Der zielorientierte, individuelle Einsatz der Lehrersprache basiert auf folgenden Prinzipien:
- Unterrichten ist ein kommunikativer Prozess.
- Sprache (verbal/nonverbal) ist das Haupttransportmittel von Fachwissen.
- Über die Sprache wird Beziehung gestaltet.
- Unterricht ist immer Sprachunterricht.

Sprachliche Präsentation und Begleitung des Lehrers ist bedeutsam für guten Unterricht

Im Rahmen der Lehrerausbildung und der Lehrertätigkeit wird die Lehrkompetenz an den Kriterien des „guten Unterrichts" (siehe dazu Meyer (2004)) gemessen. Der gute Unterricht zeichnet sich durch eine umfangreiche Unterrichtsplanung aus, die in einem handlungsorientierten Unterricht eine Umsetzung erfährt. Der Unterricht soll gut strukturiert sein, die einzelnen Phasen sollen in einem sinnvollen Zusammenhang stehen, und eine anschauliche Mediengestaltung soll die Schüler auf ihrem entdeckenden Weg begleiten. Der Blick in der Ausbildung zum Lehrer richtet sich im Sinne des kompetenzorientierten Unterrichts verstärkt auf die verschiedenen Möglichkeiten des kooperativen Arbeitens und ihre individualisierte, handlungsorientierte Umsetzung. Die Indikatoren für eine gelungene Praxis beziehen sich häufig auf die Schüleraktivitäten. Die Bedeutung der sprachlichen Präsentation und Begleitung des Lehrers darf in diesem Zusammenhang aber nicht unberücksichtigt bleiben. Dieses Buch versucht, den Blick auf diesen Aspekt zu schärfen.
Häufig übernehmen angehende Lehrer das Verhalten und somit auch die Sprache von Lehrern aus der eigenen Schulzeit. Hier gibt es sehr gelungene Vorbilder, doch nur selten ein Bewusstsein, warum dieser Lehrer so erfolgreich im Unterrichten war.

In diesem Zusammenhang stellt sich die Frage, wie Schüler die Sprache ihrer Lehrer wahrnehmen. Die Verfasserinnen des Buches haben dazu nach Hospitationen und während der eigenen Unterrichtstätigkeit Schüler aus dem Primarstufenbereich befragt und Übereinstimmungen gefunden.

Auf die Frage „Was kennzeichnet deinen Lieblingslehrer?" antworten viele Schüler ähnlich. Es kamen häufige Beschreibungen vor wie:
- „… erzählt so schön."
- „Er macht mir Mut."
- „Er ist der Einzige, der mich lobt."
- „Sie schaut mich immer an, wenn sie mit mir spricht."
- „Sie hat so ein nettes Lächeln."
- „Wenn sie böse guckt, dann sind wir alle leise."
- „Ich erkenne immer schon am Blick, was er von mir will."
- „Er hilft mir, wenn ich etwas erklären will."
- „Er kann mir meine Fragen immer so gut beantworten."

- „Er kann mir die Aufgaben so gut erklären."
- „Sie ist jeden Tag anders nett."
- „Sie lässt mich reden."

Lehrer als Sprachvorbild

Der Lehrer stellt für Schüler, neben den Eltern und anderen an der Erziehung Beteiligten, ein Sprachvorbild dar. Die Sprache im Unterricht verlangt andere Aktivitäten als im Alltag außerhalb von Schule: zum Beispiel Arbeitsaufträge stellen, Vorträge halten, Fachbegriffe erklären etc.
Junge Lehrer müssen sich den vielfältigen Aufgaben eines Lehrers stellen und sich auf diese vorbereiten.[5] Sie haben viele Lehrer als Schüler selbst erlebt und auch gute Vorbilder erfahren, doch der Perspektivwechsel vom Schüler zum Lehrer gelingt den meisten nicht ohne weitere Unterstützung. Zu erkennen ist dies am stärksten an der verbalen und nonverbalen Sprachgestaltung. Jedoch müssen sich auch erfahrene Lehrer mit ihrer eigenen Lehrersprache und einer veränderten Schülerschaft sowie neuen Aufgabengebieten auseinandersetzen, die eine differenzierte Sprachgestaltung verlangen. Sprache wird häufig als selbstverständliches Medium, das „einfach so" eingebracht wird, verstanden. Dieses Verständnis ändert sich zunehmend hin zu einem reflektierten und selbstkritischen Umgang.
Der Lehrer in der Grundschule muss verschiedene Rollen ausfüllen. Er ist Lernprozess-Begleiter von Schülern, befindet sich in der Rolle des Erklärers, Dozenten, Geschichtenerzählers, Konfliktberaters, Beurteilers etc. In allen Situationen ist der Lehrer ein Modell zum Abschauen vor einer kritischen und in den sprachlichen Kompetenzen sehr heterogenen Zielgruppe. Diese zeigt sich in der Grundschule bei den Schülern vor allem in ihrer, in Teilen noch nicht abgeschlossenen, Sprachentwicklung (Bildungssprache, Schriftspracherwerb, Präsentationskompetenz etc.). Um diese Heterogenität zu erfassen und individuell zu bedienen, ist der Blick auf die Schlüsselkompetenzen zum Spracherwerb unerlässlich. In Kapitel 3.1.2 werden die klassischen Strategien des Spracherwerbs dargestellt, um daraus Möglichkeiten für den Einsatz von Lehrersprache abzuleiten.

2.3 Welches Ziel verfolgt das Buch?

Es gibt noch zu wenig praktische Erfahrungsräume, um die eigene Lehrersprache zu professionalisieren.
Basierend auf Erfahrungen aus durchgeführten Workshops sollen exemplarisch Trainingsbausteine angeboten werden. Lehrer[6] können in ausgewählten Unterrichtsituationen differenzierte Techniken einsetzen und ihr sprachliches Handeln reflektieren. Wir sprechen also primär von einem Erfahrungs- und Trainingsbuch zur Weiterentwicklung der eigenen verbalen und nonverbalen Lehrersprache.

Erfahrung durch Training

Um die eigene Sprache differenziert und zielorientiert im Unterricht einsetzen zu können, benötigt der Lehrer primär Kenntnisse über die Instrumente der Lehrersprache. Ebenso benötigt er Kenntnisse über die Sprachentwicklung von Kindern, da Schüler nur dann gezielt (sprachlich) gefördert und gefordert werden können,

[5] Auf die Rolle und Handlungsfelder von Lehrern wird in Kapitel 3.3 näher eingegangen.
[6] Hier sind alle Personen gemeint, die in der Grundschule unterrichtend tätig sind, vor allem Lehrer, aber auch Referendare und Studenten.

wenn die Sprachentwicklung und die Bedeutung von sprachlichen Handlungen hinreichend bekannt sind.
Sprache ist eng gekoppelt an die Persönlichkeit des Menschen. So ist es nicht sinnvoll, eine bestimmte Art und Weise des Einsatzes der Lehrersprache nach festen Zielvorgaben apodiktisch zu „verordnen".
Die Autorinnen dieses Buches möchten daher vor allem Informationen zum differenzierten Einsatz von Lehrersprache und theoriegeleitete Grundlagen anbieten, mit denen in verschiedenen Übungssituationen persönliche Erfahrungen gemacht werden können. Die eigene Sprache kann in Seminaren, Fortbildungen oder Konferenzen sowie im Unterricht geübt und reflektiert werden.

Eigene Lehrersprache ausprobieren und reflektieren

Der Leser soll einen Einblick in die differenzierten Handlungsfelder des Unterrichtens, in denen die Lehrersprache zum Einsatz kommen kann, persönlich erfahren. In verschiedenen Übungen werden basale Techniken ausprobiert und anschließend reflektiert. Dabei wird der Lehrer auch mit seiner Persönlichkeit konfrontiert. Diese ist vielschichtig und je nach Person und Situation unterschiedlich. Das Lebendige und Authentische zu erhalten und sich dennoch persönlich „auf den Weg zu machen", ist hier die Herausforderung. So ist das primäre Ziel dieses Buches, durch die Übungen neue Erfahrungen und dadurch eine bewusste sprachliche Präsenz im Unterricht zu erlangen. Dabei werden natürlich auch unbewusste persönliche Verhaltensmuster abgerufen und unter Umständen auch befragt. Der Lehrer „stellt sich hier neu auf". In welcher Form dies geschieht, hängt immer mit der eigenen Lehrerpersönlichkeit, der Gruppenkonstellation innerhalb eines Seminars bzw. einer Konferenz oder Fortbildung sowie mit der Schülerschaft im Unterricht zusammen.

Übungen inner- und außerhalb des Unterrichts

Die Übungsmöglichkeiten in diesem Buch sind für Unterrichtssituationen und Situationen außerhalb des Unterrichts konzipiert. Die im Buch dargestellten „Warm-ups" (siehe Kapitel 5.1) und „Workshops" (siehe Kapitel 5.2) sollten in einem „isolierten Raum" außerhalb des Unterrichts durchgeführt werden. Sich selbst zu erfahren und andere dabei zu beobachten, ermöglicht gerade außerhalb des eigentlichen Settings, des schulischen Alltags, eine lebendige und doch entspannte Umsetzung. So steht das reflexive Erfahrungslernen im Vordergrund. Um die Erfahrungen jedoch weiter auszubauen und auch in Alltagssituationen weiter zu vertiefen, stellen die Autorinnen Übungsmöglichkeiten vor, um die eigene Sprache in schulischen Situationen zu erproben (siehe Kapitel 5.3). Begleitend werden Beobachtungsprotokolle (siehe Kapitel 6) zum Festhalten der persönlichen Erfahrungen im differenzierten Einsatz von Lehrersprache angeboten. Diese können als Grundlage für die Portfolioarbeit genutzt werden.

Grenzen im Umgang mit diesem Buch zeigen sich auf, wenn dieses Training möglichst schnelle und effektive Lösungen bereitstellen soll. Es ist schwer möglich, seine Sprache ohne ausreichenden Raum für Übungen in kurzer Zeit neu zu gestalten. Auch ist es nicht möglich, Schülerverhalten durch einen bestimmten Einsatz von Instrumenten zu evozieren. Das Anliegen dieses Buches ist primär, einen differenzierten Blick für den Einsatz der Lehrersprache im Unterricht zu bekommen, neue Strategien und damit Erfahrungen in der lebendigen Prozesssteuerung zu ermöglichen.

Anliegen und Ziel dieses Buches

Die Reaktionen von Referendaren nach der Erprobung der beschriebenen Workshops und Warm-ups (siehe Kapitel 5.1 und 5.2) waren u. a.: „Nachdem ich diese Übungen an mir selbst erfahren habe, höre und erlebe ich Sprache in kommunikativen Rahmen anders.“ / „Ich bin irgendwie ein Stück anders.“ Häufig wurde das Erproben der eigenen verbalen und nonverbalen Sprache auf folgende Weise kommentiert: „Ich bin mutiger, aber auch entspannter im Umgang mit Problemen im Unterrichten.“ „Ich war mir vorher nicht bewusst, wie unterschiedlich sich das Loben und Kritisieren anhört. Ich werde es weiter üben.“

Die Lehrersprache differenziert im Unterricht einzusetzen, kann nicht in Form einer statischen Gestaltung ihr Ende finden. Kommunikative Prozesse zu gestalten, ist ein immerwährender Prozess, der durch dieses Buch in Gang gesetzt bzw. vorangebracht werden soll. Kommunikation in schulischen Prozessen ist dabei immer als ein Zusammenspiel mit allen individuellen Kommunikationspartnern zu sehen.

3 Lehrersprache im Kontext Schule

3.1 Bedeutung der Lehrersprache für den Sprachentwicklungsprozess

Wenn ein Kind in die Schule kommt, ist die Sprachentwicklung in der Regel abgeschlossen. Das Kind verfügt über einen altersgemäßen Wortschatz, spricht in vollständigen Sätzen die Wörter richtig aus und beteiligt sich an Gesprächen. Selbst wenn dies bei den meisten Schülern der Fall ist, müssen sich Schüler in der Grundschule neuen Herausforderungen stellen, die durch die Unterrichtssprache auf sie zukommen. Der Lehrer begleitet diesen Sprachprozess individuell und richtet seine Lehrersprache nach den individuellen sprachlichen Kompetenzen der Schüler aus.

Unterstützung der Sprachentwicklung

Um die Sprachentwicklung der Schülersprache konstruktiv begleiten zu können, bedarf es der Kenntnis einer normalen Sprachentwicklung. Wann brauchen Kinder sprachliche Unterstützung und wie kann diese aussehen? Unterstützung der Sprachhandlungen von Schülern kann nur sinnvoll stattfinden, wenn diese in Kontexte einer regulären Gesamt- und somit auch regulären Sprachentwicklung eingebettet ist.

Die sprachliche Begleitung des Kindes durch die Menschen in seinem primären Umfeld bekommt in diesem Prozess eine besondere Bedeutung. Die Bezugspersonen unterstützen die sprachliche Entwicklung eines Kindes bewusst und unbewusst und fördern damit bedeutende Spracherwerbsstrategien. Ab Schulbeginn wird die sprachliche Entwicklung von Kindern auch von Lehrern begleitet. Die Lehrersprache wird bewusst eingesetzt, um Sprachhandlungen der Schüler präventiv gezielt zu fördern und zu fordern. Dieser bewusste Umgang mit Schülersprache wird hier allgemein als sprachsensibel[7] bezeichnet. Er umfasst allgemeine Sprachanregungen sowie gezielte Interventionen bei sprachlichen Problemen. Dabei gilt es, die sprachliche Heterogenität einer Lerngruppe zu beachten und alle Schüler in ihrer individuellen (sprachlichen) Handlungsfähigkeit zu fördern und zu fordern. Aufgabe der Sprachbegleitung durch den Lehrer kann es sein, die Schüler zum Sprechen anzuregen, das Zuhören zu verbessern, die Sprache von Schülern zu modellieren (siehe Kapitel 4.2.3) oder Inhalte zu fokussieren.

3.1.1 Sprachentwicklung

Ein grundlegendes Prinzip ist es, dass sich ein sprachsensibler Unterricht auf die individuellen sprachlichen Kompetenzen der Schüler fokussiert. Um diese sprachlichen Kompetenzen richtig zu erfassen und gezielt zu begleiten, bedarf es Kenntnis darüber, wie sich Sprache entwickelt und welche grundlegenden Kompetenzen für eine normale Sprachentwicklung notwendig sind.

Aus diesem Grund stellen die Autorinnen die vielfältigen Elemente der Sprachentwicklung in einem Baumschema dar (siehe Seite 15) und erläutern die Zusammenhänge. Hierbei beziehen sie sich auf die Grundlagen von Wendlandt (2001).

Entwicklung sprachlicher Handlungsfähigkeit

Die Entwicklung hin zu sprachlicher Handlungsfähigkeit ist sehr komplex und muss in einem systemischen Kontext analysiert werden.

„Dieser handlungstheoretische Begriff von Sprache impliziert in seinem Kern vor allem drei Merkmale: 1. Personenorientierung, 2. Lebensweltorientierung sowie

7 Siehe dazu Kapitel 3.2

3. Entwicklungs- und Lernorientierung." (Welling (2006), S. 24) Die Sinnhaftigkeit des Sprachgebrauchs für das jeweilige Kind ist entscheidend. Sprechen erfolgt in einem sozialen Umfeld und muss in diesem auch gesehen werden. Der Sprachgebrauch jedes einzelnen Kindes wird im Kontext „der sich entwickelnden Werte- und Wissensbildung dieser Person" gedeutet.
Die Unterstützung der Sprachentwicklung durch das Umfeld des Kindes spielt eine entscheidende Rolle. Fehlt diese z. B. an einigen Stellen oder ist diese durch bestimmte Lebensbedingungen erschwert, muss der Lehrer im Unterricht ganz besonders darauf achten, an den entscheidenden Prozessen unterstützend tätig zu sein. Sprachliche Aktionen anzuregen oder bei sprachlichen Problemen zu unterstützen ist, das zentrale Anliegen der Begleitung von außen. Um die sprachliche Handlungsfähigkeit eines Kindes zu analysieren, ist es sinnvoll zu wissen, wie dieser Prozess in der Entwicklung ablief.
Die Fähigkeit, Sprache zu entwickeln, ist angeboren und durchläuft mehrere Schritte hin zu einer normalen sprachlichen Aktivität.
Dabei wendet der Mensch bestimmte Strategien an, um sich aus dem komplexen Sprachangebot von außen seine eigene Sprache anzueignen. Hierbei kommen bestimmte Kompetenzen zur Anwendung, die an einem gelungenen Spracherwerb mehr oder weniger beteiligt sind. Je nach Stärke dieser Kompetenzen kann sich Sprache qualitativ entwickeln. Diese angeborene Fähigkeit führt jedoch nicht bei jedem Kind dazu, dass es Sprache im Grundschulalter altersgemäß anwendet. Zum Zeitpunkt der Einschulung sind die Kinder mit sehr unterschiedlichen sprachlichen Fähigkeiten „ausgerüstet". So kann es auch sein, dass ein Kind sprachliche Probleme in den Bereichen Kommunikation (Mitteilungsfähigkeit, aktives Zuhören, passives Zuhören), Grammatik, Wortschatz oder Aussprache hat. Um sprachliche Aktivität zu unterstützen und zu fördern bzw. zu fordern, müssen die Kompetenzen, mit denen sich das Kind seine Sprache angeeignet hat, in den Blick genommen werden. Diese bezeichnen wir hier als die Schlüsselkompetenzen des Spracherwerbs.

3.1.2 Schlüsselkompetenzen des Spracherwerbs

Schlüsselkompetenzen des Spracherwerbs

In welchem Zusammenhang stehen die Schlüsselkompetenzen des Spracherwerbs mit der Sprache eines Kindes in der Schule? Die komplexen Zusammenhänge einer sprachlichen Entwicklung werden im Folgenden kurz erläutert.
Die Sprachkompetenz eines Kindes wird sehr stark durch die Lebensumwelt, die Gesellschaft und die Kultur geprägt, in die ein Kind hineingeboren wird. Ein Kind afrikanischer Herkunft hört andere Laute, speichert diese und produziert sie schließlich im aktiven Sprachgebrauch als ein Kind deutscher Herkunft. Ebenso ist es ganz unterschiedlich, wie viel und auf welche Art und Weise mit einem Baby/einem Kind gesprochen bzw. sich ihm zugewendet wird. Davon abhängig ist das Sprachverhalten des Kindes, das somit ganz individuell entwickelt ist. Auch die Entwicklung grammatischer Strukturen hängt davon ab, welche Muttersprache die Eltern mit dem Kind sprechen.
Dies sind wichtige Kenntnisse über die sprachlichen Voraussetzungen der Lerngruppe für einen Lehrer in der Grundschule.
Die Sinne des Kindes (visuelle, auditive, olfaktorische, gustatorische und taktile Wahrnehmung), die anatomischen Voraussetzungen, wie Schreien (Training der Stimmbänder), Lallen (Produktion vieler verschiedener Laute, Erkunden der

Stimmgebung und des Sprechapparates), Ausbildung des Sprechapparates (Zwerchfell, Lungen, Bronchien, Kehlkopf, Artikulationsorgane) und die Motorik (für den Sprechapparat insbesondere die Feinmotorik) lassen die Sprache entstehen. Ein blindes Kind entwickelt eine andere Mimik als ein sehendes Kind, ein gehörloses Kind kann die Sprache ohne Hilfsmittel nicht erwerben. Des Weiteren werden die kognitiven und sozial-emotionalen Voraussetzungen sowie der Bereich der sensomotorischen Integration (Vernetzung der einzelnen Fähigkeiten und Fertigkeiten, die ein Kind erlernt) als Basisfunktionen für den Spracherwerb dargestellt. Es wird deutlich, wie wichtig grundlegendste Fähigkeiten und Fertigkeiten für die Gesamtentwicklung und Sprachentwicklung eines Kindes sind.

Kenntnisse der sprachlichen Fähigkeiten der Schüler

Der Lehrer muss in seiner sprachlichen Begleitung diese Fähigkeiten der Schüler kennen und in seiner Art der Begleitung und Unterstützung berücksichtigen.
Die Entfaltung von Sprechfreude und die Entwicklung des Sprachverständnisses bilden das Fundament der Sprachentwicklung. Durch Sprechlust im Sinne einer intrinsischen Motivation probieren Kinder ihre eigene Sprache aus und erweitern ihre sprachlichen Fähigkeiten. Sprechfreude ist jedem Kind gegeben, wird aber durch das Umfeld beeinflusst. Die Entwicklung des Sprachverständnisses erfolgt vor dem aktiven Sprachgebrauch. Kinder verstehen Sprache schneller, als sie Sprache aktiv anwenden. Ein Sprachverständnis ist Grundlage, um Sprache in den aktiven Sprachgebrauch zu übernehmen.

angstfreie Sprechräume

Um Schüler in ihrer sprachlichen Entwicklung zu unterstützen, sollte ein Lehrer ein angstfreies und sprachanregendes Umfeld schaffen, in dem jeder mit seinen sprachlichen Kompetenzen akzeptiert wird. Eine gute Beziehungsarbeit ist hier genauso wichtig wie die aktive Benutzung der Instrumente der Lehrersprache, die das Sprachverstehen unterstützen (siehe dazu Kapitel 4).

Ebenen der Sprachgestaltung

Die Sprache gestaltet sich durch die Artikulation, Wortschatz, Grammatik und Kommunikation. Die vier Ebenen entwickeln sich gemeinsam und in Abhängigkeit voneinander durch sprachliche Aktivität.
Ohne soziales Miteinander, ohne verbale und nonverbale Kommunikation mit dem Umfeld, ist keine Sprachentwicklung möglich.
Sinnvolle Unterrichtsprozesse zeichnen sich darin aus, dass Schüler möglichst viel (sprachlich) aktiv sind. Der Lehrer hat die Aufgabe, Zeit und Raum für (sprachliche) Aktivität zu schaffen, Medien so einzusetzen, dass die (sprachliche) Aktivität erhöht wird und der Schüler zunehmend sprachlich aktiv werden kann.

hohe Sprachaktivität der Schüler

Hohe sprachliche Anforderungen fordert der Schriftsprachprozess. Sind die basalen Fertigkeiten nicht vorhanden, kann es zu keiner erfolgreichen Umsetzung in Schriftsprache kommen: „Nachweislich zeigen Kinder mit Sprachentwicklungsproblemen auch Probleme im späteren Schriftspracherwerb. Ein regelgerechter Spracherwerb ist die zentrale Voraussetzung für den erfolgreichen Lese-Rechtschreib-Erwerb“ (Wendlandt (2011), S. 17). Chancen bietet die Nutzung der Schriftsprache für den mündlichen Sprachgebrauch. So bietet das Vorlesen zum Beispiel die Möglichkeit, immer wiederkehrende Satzmuster anzubahnen, die letzten Endes zu einem Mitlesen führen können. Schriftsprache kann auch sehr gut genutzt werden, um Kinder sprachlich zu begleiten. So können z. B. Satzstrukturen durch Schriftsprache bewusst gemacht oder Wörter in ihre Einzelteile zerlegt werden, um Wortstrukturen und Gesetzmäßigkeiten zu entdecken. Schrift kann folglich auch ein Medium sein, um die Sprachenwicklung anzuregen.

Für das Kind steht die Sprache im Unterricht in einem anderen Kontext als die Alltagssprache. Die Sprache im Unterricht stellt dazu noch andere Herausforderungen an das Kind. In Anlehnung an den Sprachbaum nach Wendlandt (2011) wurde eine modifizierte Darstellung des Sprachbaumes entwickelt, anhand dessen die Funktion von Lehrersprache in ihren Zusammenhängen zu den Schlüsselkompetenzen des Spracherwerbs erklärt wird.

Lehrersprache in Zusammenhängen zu den Schlüsselkompetenzen

Lehrersprache im Kontext Unterricht

Die sprachliche Begleitung des Lehrers (nonverbal und verbal) hat für die Sprachentwicklung der Schüler im Unterricht eine hohe Bedeutung. Durch bewussten Einsatz von nonverbaler und verbaler Lehrersprache kann der Lehrer sprachliche Prozesse evozieren und somit gezielt fördern. Dabei werden nicht nur Kinder mit sprachlichen Problemen herausgefordert und gefördert, sondern auch Kinder, deren Sprachentwicklung als normgerecht zu deuten ist. Durch den Einsatz von Lehrersprache können z. B. Arbeitsaufträge so formuliert und vorgetragen werden, dass es allen Kindern möglich ist, den Auftrag sprachlich zu erfassen und zu bearbeiten. Zudem kann ein Lehrer durch sein eigenes sprachliches Handeln die Aufmerksamkeit aller Kinder auf sich fokussieren und die Konzentrationskraft erhöhen. Die Kommunikation im Unterricht stellt in der heutigen Gesellschaft eine besondere Chance bereit. Fern von Handy- und Computersprache wird hier intensiv und menschlich anwesend miteinander gesprochen. Der Lehrer stellt ein lebendes sprachliches Modell bereit, welches der Schüler in dieser Intensität und mit der Qualität der sprachlichen Handlung außerhalb von Unterricht nicht oder kaum erfährt.

genaue Diagnose der sprachlichen Kompetenzen der Schüler

Der Lehrer hat die Aufgabe, Unterrichtsinhalte und (sprachliche) Kompetenzen der Schüler immer aufeinander abzustimmen und die Lernumgebung so zu gestalten, dass jedes Kind nach seinem Können arbeiten und sich weiterentwickeln kann. Dafür müssen die individuellen sprachlichen Kompetenzen der Schüler (im modifizierten Baumschema dargestellt als Äpfel) zunächst beobachtet und diagnostiziert werden (Lernausgangslage). Die sprachliche Kompetenz eines Kindes steht in einem engen Zusammenhang zu den basalen Fertigkeiten und ihrer Integration (im modifizierten Baumschema dargestellt als Wurzeln). Durch besondere Strategien, hier als Schlüsselkompetenzen des Spracherwerbs bezeichnet, eignet sich das Kind Sprache an. Auch das gesamte Umfeld (Kultur, Lebenswelt, Gesellschaft) spielt selbstverständlich für die Sprachentwicklung eine entscheidende Rolle und muss von dem Lehrer berücksichtigt werden (Beispiele: Ein Kind hat ggf. einen sehr geringen deutschen Wortschatz, da Deutsch nicht seine Muttersprache ist. / Ein Kind zeigt Auffälligkeiten auf der kommunikativ-pragmatischen Ebene: Ursache kann u. a. darin liegen, dass von Geburt an wenig Blickkontakt mit ihm aufgenommen und wenig gesprochen wurde.)

Die Gesamtpersönlichkeit eines Lehrers und das damit zusammenhängende Lehrerverhalten sind wertschätzend und nehmen das Kind mit seinen individuellen Kompetenzen in den Blick. Die Lehrersprache wird ganz bewusst eingesetzt, um

- (sprachliche) Ziele des Unterrichts zu erreichen,
- den Unterrichtsprozess differenziert zu gestalten,
- individuelle Sprachanregungen zu bieten.

Der Lehrer ist (sprachliches) Vorbild und beeinflusst durch sein Verhalten die (sprachliche) Handlungsfähigkeit der Schüler. Bei sprachlichen Problemen der Schüler wird Lehrersprache zudem gezielt eingesetzt, um Schüler in ihren Schlüsselkompetenzen des Spracherwerbs[8] zu fördern, wenn diese beeinträchtigt sind.

[8] Die Strategien des Spracherwerbs werden in Kapitel 3.1.2 näher erläutert.

Insgesamt soll der Lehrer eine sprachanregende und wertschätzende Lernatmosphäre schaffen und das Selbstbild der Schüler stärken. Die positive Einstellung des Lehrers zum Thema und auch seine emotionale Haltung zu den Schülern sind wichtig, um die Kinder zu motivieren, sich einzubringen, ihre Stärken und Schwächen selbst in den Blick zu nehmen und Freude am Lernen und am Sprechen zu haben bzw. zu entwickeln.

Sprachhandlungsräume

Um die Sprache der Schüler wachsen und entfalten zu lassen, müssen unterschiedliche Organisationsstrukturen innerhalb der Schule/des Unterrichts bereitgestellt werden. Sprachhandlungsräume (im modifizierten Baumschema dargestellt als Wolke und Wassertropfen) sollen Schüler zu differenzierter (sprachlicher) Aktivität anregen.
Beispiele dafür sind:
- Lese-Ecke
- Stuhlkreis/Kissenkreis
- Ruhezone
- Gruppentisch(e)
- Präsentationstafel
- „Rede-Ecke"/Experimentierecke
- Lesethron für Vorleser
- Bühne

Vorbilder

Vorbilder gibt es in der Schule sehr viele. Der Lehrer ist ein (sprachliches) Vorbild für die Kinder. Aber auch die Schüler können Vorbilder für ihre Mitschüler sein. Der Lehrer hat die Aufgabe, die Stärken der einzelnen Schüler zu erkennen und diese als Vorbilder für die Mitschüler zu nutzen. Es kann sich dabei zum Beispiel um Schüler handeln, die ein vorbildliches sprachliches Verhalten in Streitsituationen zeigen, ein sprachliches Vorbild im Bereich Grammatik sind (zum Beispiel Verb-Endstellung bei Nebensätzen), über einen großen Fachwortschatz verfügen oder etwas hervorragend erklären können.

Sprachgestaltung

Die sprachliche Aktivität der Schüler gestaltet sich auf den vier sprachlichen Ebenen: phonologisch-phonetische, semantisch-lexikalische, morphologisch-syntaktische und kommunikativ-pragmatische Ebene.
Auf den Unterricht bezogen lassen sich zwei Leitfragen stellen:
- Welche sprachlichen Herausforderungen in Bezug auf die vier sprachlichen Gestaltungsebenen werden an Grundschüler gestellt?
- Wie kann ein Lehrer mit seiner Sprache darauf sinnvoll reagieren? (In Kapitel 4 werden dazu Instrumente der Lehrersprache dargestellt.)

Im Folgenden werden die vier sprachlichen Ebenen in Bezug auf die sprachliche Analyse und Gestaltung von Unterrichtssituationen dargestellt:

vier sprachliche Ebenen

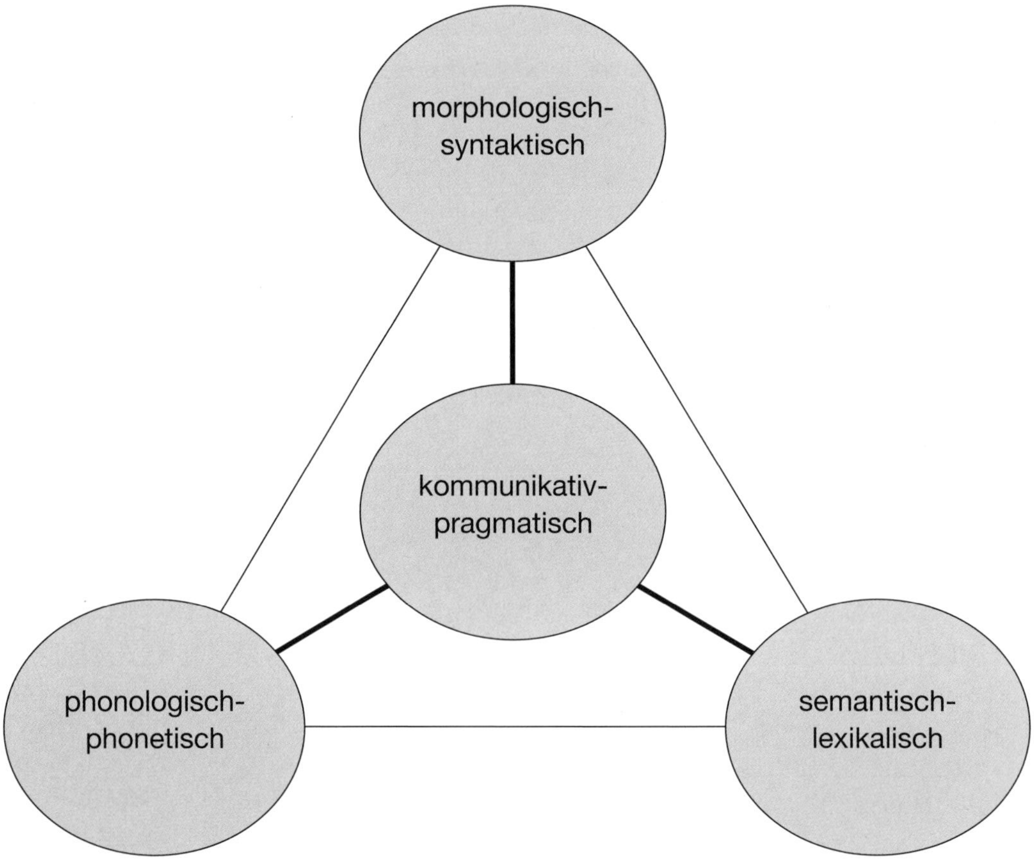

Phonologisch-phonetische Ebene

- Aussprache
- Phonem-Inventar (einzelne Laute, die produziert werden)
- Phonologischer Prozess (Art und Weise, die Phoneme zu verbinden)

Phonetischer Bereich: Laute können isoliert und in Silben oder Wörtern gebildet werden. Entscheidend für eine erfolgreiche Lautbildung ist die Mundmotorik. Probleme in diesem Bereich bedeuten, dass ein Laut oder mehrere Laute nicht richtig gesprochen werden können.

Phonologischer Bereich: Der Laut kann isoliert richtig gebildet werden. Auch innerhalb von Silben und Wörtern kann der Laut richtig gebildet werden.
Probleme in diesem Bereich bedeuten, dass ein Laut zwar isoliert korrekt gesprochen, innerhalb von Silben oder Wörtern jedoch nicht richtig produziert wird. Er wird ausgelassen oder durch einen anderen Laut ersetzt.

phonologisch-phonetische Ebene: Leitfragen

Leitfragen, um die sprachlichen Kompetenzen der Schüler zu erfassen:
- Kann der Schüler alle Laute richtig sprechen?
- Kann der Schüler das Wort richtig sprechen, bevor es geschrieben wird?
- Kann der Schüler das Wort in Silben zerlegen?
- Kann der Schüler die Laute akustisch unterscheiden?
- Kann der Schüler Wörter bzw. Sätze auditiv speichern?
- Kann der Schüler zwar alle Laute richtig bilden, jedoch nicht richtig in bestimmten Kontexten anwenden? (z. B.: „dedacht“ statt „gedacht“, Auslassen von Lauten, „lau“ statt „schlau“)

Leitfragen, um die eigene Lehrersprache zu reflektieren:
- Habe ich in meinem Unterricht lange Wörter mit schwierigen Konsonantenverbindungen eingesetzt?
- Benutze ich Wörter mit ähnlichen Lauten?
- Wie spreche ich schwierige Wörter aus, damit der Schüler sie akustisch/auditiv erfassen kann?

Beispiele für sprachliche Auffälligkeiten

Beispiele für sprachliche Auffälligkeiten bei Grundschulkindern:
- Lautfehlbildungen (z. B. Sigmatismus)
- Lautersetzungen
- Lautauslassungen
- Produzierbare Laute können noch nicht in ihrer bedeutungstragenden Funktion benutzt werden (Beispiel: Hund/Mund wird zwar verstanden und unterschieden, jedoch wird für beide Begriffe nur das Wort Mund benutzt)

Morphologisch-syntaktische Ebene:

Die morphologisch-syntaktische Ebene beinhaltet die Regeln einer Sprache, die festlegen, wie die Wörter zu grammatischen Sätzen kombiniert werden können.

morphologisch = die Wortgestalt betreffend
syntaktisch = die Satzgestalt betreffend

Morphologische Markierungen erfolgen im Deutschen häufig in unbetonten Endsilben oder klingen sehr ähnlich (dem/den).
Das Kind muss ein Morphem phonologisch analysieren, um es morphologisch zuordnen zu können (z. B.: Bei dem Satz „Der Tisch ist gedeckt.“ muss die Vorsilbe „ge“ herausgehört und als Vorsilbe analysiert werden. Das Wort „gedeckt“ muss dem Wort „decken“ bzw. dem Wortstamm „deck“ zugeordnet werden.)
Die sprachlichen Kompetenzen der morphologisch-syntaktischen Ebene kommen im Unterricht der Grundschule in unterschiedlichen Bereichen zur Anwendung: z. B. Arbeitsanweisungen richtig verstehen, Texte verfassen oder etwas erklären können.

morphologisch-syntaktische Ebene: Leitfragen

Leitfragen, um die sprachlichen Kompetenzen der Schüler zu erfassen:

- Verwendet der Schüler Haupt- und Nebensätze?
- Verwendet der Schüler folgende grammatische Regeln richtig: Verbstellung (Verb-Zweitstellung im Hauptsatz, Verb-Endstellung im Nebensatz)/Subjekt-Verb-Kongruenz/Kasusmarkierung?
- Spricht der Schüler in vollständigen Sätzen?
- Wie wird die Syntax in der „Bildungs- und Fachsprache“ verstanden und verwendet?
  (Beispiel: Ich addiere 3 und 4 und erhalte die Summe 7.)

Leitfragen, um die eigene Lehrersprache zu reflektieren:

- Welche sprachlichen Strukturen verwende ich, damit meine Schüler richtige grammatische Strukturen bilden?
- Wie korrigiere ich falsche grammatikalische Formulierungen (schriftsprachliche Unterstützung)?
- Wie komplex ist meine verwendete grammatikalische Struktur, wenn ich z. B. einen Arbeitsauftrag oder Fragen stelle oder ein Arbeitsblatt gestalte?
- Welche Satzkonstruktionen bietet mein Unterrichtsgegenstand? Beispiel: Das Beschreiben von Experimenten verlangt eine bestimmte Haupt- und Nebensatzkonstruktion („Ich vermute, dass ...“ sowie „Ich beobachte, dass ...“).

Beispiele für sprachliche Auffälligkeiten

Beispiele für sprachliche Auffälligkeiten bei Grundschulkindern:

- keine korrekte Verwendung von Verb-Endungen, Präfixverben
- Präpositionen werden falsch benutzt.
- Satzstellung ist nicht korrekt (z. B. Verb-Zweitstellung im Hauptsatz, Verb-Endstellung im Nebensatz).
- fehlerhafte Kasusmarkierung
- fehlerhafte Umsetzung der gesprochenen Sprache in die Schriftsprache: Bei älteren Grundschulkindern kann man in der Schriftsprache Auffälligkeiten entdecken, wie z. B. „Ich gehe zu den Haus.“ statt „Ich gehe zu dem Haus.“, falsche Verwendung von Vergangenheitsformen, fehlerhafte Verwendung von Passivsätzen oder Umgangssprache wird direkt in Schriftsprache umgesetzt (z. B. „Das tun wir mal ins Glas.“)

Semantisch-lexikalische Ebene:

Diese Ebene beinhaltet zum einen die Bedeutung sprachlicher Ausdrücke und zum anderen Art und Umfang des aktiven und passiven Sprachgebrauchs. Dabei werden zwei Prozesse für die richtige Produktion verlangt: die Wortspeicherung im Langzeit- und Kurzzeitgedächtnis sowie der aktive Wortabruf.

lexikalisch = das mögliche Vokabular, den möglichen Wortschatz betreffend
semantisch = die Wortbedeutung betreffend
Semantik meint die spezifische Bedeutung eines sprachlichen Ausdrucks (Semantik des Wortes, der Phrase, des Satzes, des Textes).

Das Lexikon berücksichtigt das gesamte Wortmaterial, also alle passiv und aktiv vorhandenen Ausdrücke der Sprache. Das passive Lexikon berührt das Sprachverständnis, während das aktive Lexikon den tatsächlich benutzten Wortschatz kennzeichnet (passiver Sprachgebrauch = das Wort wird verstanden/aktiver Sprachgebrauch = das Wort wird benutzt)

semantisch-lexikalische Ebene: Leitfragen

Leitfragen, um die sprachlichen Kompetenzen der Schüler zu erfassen:

- Kann der Schüler Wörter verstehen, aber nicht selbst im alltäglichen Sprachgebrauch benutzen?
- Welches Lexikon bringt der Schüler bereits mit? (Bildungssprache, Alltagssprache, Fachsprache)[9]
- Umschreibt der Schüler Wörter oder ersetzt Wörter durch andere?
- Meldet der Schüler zurück, dass er Wörter, Phrasen oder Sätze nicht verstanden hat?
- Wie erklärt ein Schüler einen Begriff? (Nennt er Beispiele oder Analogien? Erklärt er einen Begriff über nichtsprachliche Mittel?)

Leitfragen, um die eigene Lehrersprache zu reflektieren:

- Welches unterschiedliche Lexikon benutze ich in meiner mündlichen/schriftlichen Unterrichtssprache (Fachsprache, elaborierter Code, Alltagssprache etc.)?
- Wie hebe ich die Fachwörter in meinen Lehrervorträgen sprachlich hervor?
- Wie erkläre ich ein unbekanntes Wort?

Beispiele für sprachliche Auffälligkeiten

Beispiele für sprachliche Auffälligkeiten bei Grundschulkindern:

- die sprachlichen Probleme betreffen die Verfügbarkeit von Begriffen beim „Benutzen von Sprache" (Wortschatzschwäche, eingeschränkter Wortschatz, Wortfindungsstörung, undifferenzierte Begriffsbildung etc.)
- das Sprachverstehen ist eingeschränkt
- die Sprachproduktion ist eingeschränkt
- fehlerhafte Benennung von Oberbegriffen

Alle drei Gestaltungsebenen (phonologisch-phonetisch, syntaktisch-morphologisch und semantisch-lexikalisch) werden in der vierten Ebene auf unterschiedlichem Niveau umgesetzt.

Kommunikativ-pragmatische Ebene:

Folgende Aspekte gehören zur kommunikativ-pragmatischen Ebene und zeigen sich im Unterricht:

- Hörverhalten (langes/kurzes Zuhören, aktives Zuhören, Rückmeldung des Hörverstehens geben, ...)
- Sprechverhalten (spricht viel, spricht wenig, hat Lust zu sprechen, spricht ungern, monologisiert, bezieht sich (nicht) in mündlichen Beiträgen auf den Kommunikationspartner, ...)

---

9 „Mit dem Begriff Bildungssprache ist auf eine Art Sprachverwendung verwiesen, die durch Tradition, Auftrag und Intention der Bildungseinrichtung selbst geprägt ist." (Gogolin u. a. (2011), S. 11)

- Einsatz von Atmung und Stimme sowie Gestaltung der Sprachmelodie
- Redefluss (schnell, langsam, hastig, holpernd, …)
- Einsatz von nonverbalen Gestaltungselementen (Gestik, Mimik, Körperhaltung, …)

Kommunikativ-pragmatische Handlungen im Unterricht sind zum Beispiel:
- Fragen stellen
- Vermutungen äußern
- die Aufbereitung und Präsentation von Ergebnissen
- sich und anderen etwas erklären
- Rückmeldung zu Problemen geben

Schüler und Lehrer nehmen verschiedene Kommunikationsrollen ein. Ihre Art und Weise, die Sprache zu gestalten, hängt von den Anforderungen des Unterrichts ab. Beispiele:
- Sprechen mit den Zuhörern
- Hören, Verstehen und Behalten, was vorgetragen wird
- Nachdenken über Sprache

Jeder Unterricht hat die Aufgabe, …
- das Verstehen fachlicher Texte und fachlicher Redeformen zu schulen.
- die fachlichen Begriffe sprachlich bewusst aufzubauen.
- den Gebrauch mündlicher und schriftlicher Fachsprache einzuüben und zu festigen.
- die mitgebrachte Sprache der Kinder zur weiteren Entwicklung herauszufordern.

kommunikativ-pragmatische Ebene: Leitfragen

Leitfragen, um die sprachlichen Kompetenzen der Schüler zu erfassen:
- Kann der Schüler zuhören? Wie lange hört er zu?
- Bezieht sich der Schüler in seinen Beiträgen auf die anderen Kinder bzw. auf das Thema?
- Spricht der Schüler aus eigenem Antrieb?
- Wie gestaltet sich der Redefluss (schnell-langsam, holprig etc.)?
- Kann sich der Schüler an Gesprächsregeln halten?
- Wie bringt sich der Schüler sprachlich ein (z. B.: Redet er viel?, Hat er Redehemmungen?, Verständigt er sich nonverbal?)?

Leitfragen, um die eigene Lehrersprache zu reflektieren:
- Spreche ich mehrere Schüler an?
- Spreche ich einen Schüler gezielt an?
- Lasse ich Pausen während des Sprechens?
- Setze ich Mimik und Gestik passend ein?
- Höre ich aktiv zu?
- Frage ich nach?
- Arbeite ich mit unterschiedlichen prosodischen Elementen (Intonation, Sprechmelodie, Pausen, …)?
- Welche Kommunikationsrolle (Sprecher, Hörer, Moderator, …) nehme ich ein?
- Gebe ich sprachliche Beispiele zur Konfliktdarstellung und -lösung, die die Schüler selbst benutzen können (z. B. „Mich stört …, weil …")?

Beispiele für sprachliche Auffälligkeiten bei Grundschulkindern:

- Verbale Formulierungen werden nur wenig benutzt.
- Der Schüler bezieht sich nur wenig auf die Kommunikationspartner.
- Sprache kann nur begrenzt zielgerichtet eingesetzt werden. Das Kind kann nur eingeschränkt mitteilen, was es in der Welt erlebt hat, seine Gefühle ausdrücken, seine Wünsche mitteilen.
- Sprachliche Gestaltungsmittel wie Prosodie, rhythmische Durchgliederung von Sätzen und Wörtern oder Sprechen in unterschiedlichen Tonhöhen werden nicht bzw. kaum verwendet.
- Gesprächsregeln werden nicht angewendet/werden falsch angewendet.
- Rückmeldeformen zu allgemeinen Kommunikationsproblemen werden nicht angewendet/werden falsch angewendet (Verständnisfragen, Benennung von Abweichungen der Gesprächsregeln etc.).

Wenn man als Lehrer erkennt, wie ein Schüler spricht und mit welchen Strategien er sich Sprache aneignet, kann man auch gezielt die eigene Sprache darauf ausrichten und den Schüler individuell sprachlich begleiten.
Zum Beispiel:
Ein Lehrer möchte ein neues Fachwort einbringen. Er tut dies durch langsames, akzentuiertes Sprechen. Dadurch spricht er rhythmische Fähigkeiten an und unterstützt die auditive Speicherfähigkeit. Stellt das Wort eine Anforderung an die Aussprache, dann bewegt er seinen Mund überbetont deutlich und lässt so den Schüler vom Mundbild abschauen.

3.1.2 Schlüsselkompetenzen des Spracherwerbs

Strategien des Spracherwerbs

Schlüsselkompetenzen des Spracherwerbs sind für die sprachliche Entwicklung wichtige Strategien, um Sprache zu erwerben. Wichtige Schlüsselkompetenzen des Spracherwerbs sind die folgenden:

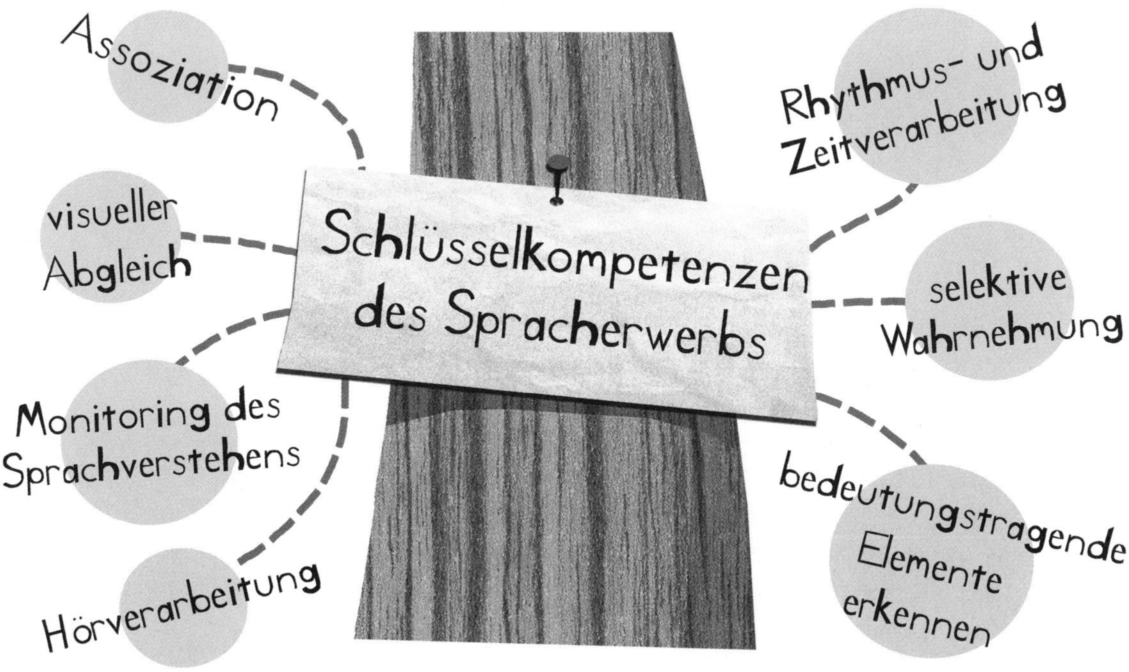

Selektive Wahrnehmung

- Fähigkeit, sich auf eine Sache (z. B. den Sprecher) zu konzentrieren
- selektives Hören

Hörverarbeitung

- Die Hörverarbeitung meint nicht das organische Hören, sondern das zentrale Hören, das über die Nervenbahnen und im Gehirn selbst erfolgt. Die damit verbundene auditive Speicherfähigkeit impliziert Hörverstehen/Zuhören.
- Das Zuhören nimmt eine zentrale Rolle ein. Zuhören ist ein aktiver Prozess, bei dem sprachliche Zeichen erkannt, interpretiert, bewertet und abgespeichert werden.
- Das Hörverstehen beinhaltet das Filtern von Störlärm, die Zerlegung einer sprachlichen Äußerung in Einheiten wie Satz, Wort und Morphem (Differenzierung) und die Belegung der Einheiten mit Inhalt.
- Die auditive Speicherfähigkeit ist ein Teil der Hörverarbeitung:
  - Sprachliche Strukturen müssen gespeichert, vernetzt und abgerufen werden.
  - Wörter, Sätze, Wortstrukturen, Wortbedeutungen etc. werden im Langzeit- und Kurzzeitgedächtnis gespeichert.
  - Im Arbeitsgedächtnis werden sprachliche Strukturen analysiert und abgeglichen.

Rhythmus- und Zeitverarbeitung

- Um sprachliche Strukturen zu erfassen, ist der sprachliche Rhythmus wichtig. Wort- und Satzstrukturen folgen in der Regel einem bestimmten Rhythmus.
- Durch Nutzen eines Rhythmus werden Inhalte deutlicher und schneller gespeichert sowie besser abgerufen.
- Es kann nur eine bestimmte Menge an Wörtern/Satzteilen bzw. Sätzen in zeitlichen Dimensionen aufgenommen und verarbeitet werden.

  Beispiel:
  Ich gehe.
  Ich gehe schnell.
  Ich gehe heute schnell.
  Ich gehe heute schnell zum Supermarkt.
  Ich gehe, wie immer, heute schnell zum Supermarkt.
  Ich gehe, wie immer, wenn es regnet und ich keine Regensachen trage, heute schnell zum Supermarkt.
  Ich gehe, wie immer, wenn es regnet und ich keine Regensachen trage, heute schnell zum Supermarkt, um dort für den Tag einzukaufen.

Diesen Satz kann man beliebig weiterführen. Das Einschieben von Nebensätzen kann für den Speichervorgang eine Herausforderung darstellen und wird in der Sprachentwicklung in unterschiedlichen Phasen bewältigt. Die entscheidende Fähigkeit, die hier verlangt wird, ist die, die zentrale Botschaft aus dem komplexen Satzgefüge herauszufiltern.

Sprachlicher Rhythmus und Zeitverarbeitung haben vor allem für die kommunikativ-pragmatische Ebene eine wichtige Bedeutung und fördern die Entwicklung aller vier Gestaltungsebenen (kommunikativ-pragmatische Ebene, morphologisch-syntaktische Ebene, semantisch-lexikalische Ebene, kommunikativ-pragmatische Ebene).

Bedeutungstragende Elemente erkennen

- Bedeutungstragende Elemente werden auch als Trigger bezeichnet. Ein Satz enthält Wörter, die eine besonders wichtige Bedeutung haben und die in den Fokus eines Lesers bzw. eines Zuhörers genommen werden. Beispiel: „Ich gehe auf den Markt." Das Wort „Markt" ist ein bedeutungstragendes Element. Je nach Betonung kann auch das Wort „gehe" als Kontrast zu „fahren" oder das Wort „ich" im Gegensatz zu „du" oder „wir" ein bedeutungstragendes Element sein.
- Cues (oder auch Marken genannt) sind Hinweisreize, die auf die Trigger aufmerksam machen können.
  Beispiele: Bedeutungstragende Wörter sind in der Schriftsprache farbig markiert.
  Der Trigger wird besonders laut oder mit einer Pause davor gesprochen.
  Passend zu dem bedeutungstragenden Wort wird eine Geste verwendet.

Sprachliche Marken erleichtern das Speichern von Begriffen und dessen Abruf. Prosodische Gestaltungen (also die Gesamtheit spezifischer sprachlicher Eigenschaften wie Akzent, Intonation, Quantität und Pausenstrukturen) sind die bekanntesten Marken und kulturell geprägt.

Beispiel: Ein Sprecher hebt bedeutungstragende Wörter sprachlich hervor: Pause vor dem Wort, Wort wird besonders laut und deutlich gesprochen, Wort wird ggf. mit einer Geste begleitet.

Visueller Abgleich

- Kinder gucken sich Mundbilder ab, um Wörter richtig auszusprechen.
- Kinder schauen genau auf Gestik und Mimik der Gesprächsperson und eignen sich diese ggf. an.

Monitoring des Sprachverstehens

Monitoring über das Hör- und Sprachverstehen ist eine der ersten sprachlichen Tätigkeiten eines Menschen (die Mimik des Babys signalisiert, ob es ein bekanntes oder neues Wort hört). Ein aktives Reagieren auf dieses Verhalten unterstützt die Anwendung dieser Schlüsselkompetenz. Es ermöglicht eine erste dialogische Situation zwischen Sprecher und Hörer.

- Monitoring des Sprachverstehens meint das Rückmelden von Nicht-Sprachverstehen.
- Ein Kind muss zunächst einmal begreifen, dass es etwas nicht verstanden hat. Es kann einen Laut („Matte" oder „Mappe", also /m/ oder /t/), ein Wort, einen Satzteil oder einen Satz nicht verstehen. Anschließend muss es zurückmelden, dass es etwas nicht verstanden hat. Dabei kann das Kind das Nicht-Verstehen nonverbal zeigen oder verbalisieren. Es muss also nachfragen.

Assoziation

- Über Elemente der Sprache nachzudenken und zu sprechen ist eine wichtige Schlüsselkompetenz u. a. zur Erfassung sprachlicher Strukturen, zur Bewusstwerdung phonologischer Prozesse, zur Erweiterung von Begriffskenntnissen.
- Durch den Prozess des Assoziierens greift ein Kind auf alle vier Ebenen zurück, die es mit einem Wort bzw. einer Situation verbindet. Es kommen subjektive Erfahrungen zutage, die in den vier sprachlichen Ebenen zum Ausdruck kommen. Durch Assoziieren wird Wortwissen aufgegriffen, vernetzt und erweitert.
  Beispiel: Assoziation „Hund“
  hat Fell / fängt mit dem Buchstaben H an / das Wort hat nur eine Silbe / der Hund bellt / der Hund kann beißen / macht mir Angst / schleckt / wird mit d geschrieben, obwohl man ein t hört / wird groß geschrieben, da Hund ein Namenwort mit Begleiter ist / der Hund / wir haben drei Hunde / …

Nach dieser Auflistung der bedeutsamsten Schlüsselkompetenzen stellt sich die Frage, wo und wie sich diese einzelnen Schlüsselkompetenzen im Unterricht zeigen. Daran anschließend können Methoden und Medien, die eigene Lehrersprache sowie die Raumgestaltung des Klassenzimmers bewusst so gewählt und gestaltet werden, dass die Schlüsselkompetenzen begleitet und unterstützt werden.

3.2 Sprachsensibler Unterricht in der Grundschule

Sprache bewusst gestalten.

Sprachsensibler Unterricht bedeutet, den Unterricht in allen Fächern sprachlich bewusst zu gestalten.
Der Lernprozess von Schülern gestaltet sich durch viele sprachliche Situationen. Kinder müssen z. B. die mündlichen Arbeitsanweisungen eines Lehrers verstehen und umsetzen, sich miteinander austauschen, Fragen stellen, Fachbegriffe kennenlernen und anwenden, etwas darstellen und beschreiben, etwas vermuten und erklären, problemorientiert arbeiten, Argumente austauschen etc.
In den Bildungsplänen aller Bundesländer findet man sprachliche Anforderungen, die im Unterricht berücksichtigt werden müssen.
Der Lehrer hat die Aufgabe, (sprachliche) Handlungen der Schüler zu gestalten und zu unterstützen. Die Kenntnis über die (sprachliche) Handlungsfähigkeit eines Schülers ist für alle Fächer relevant. Nur wenn diese dem Lehrer bewusst und bekannt ist, werden Unterrichtssituationen geschaffen, in denen alle nach ihren Kompetenzen lernen können. Nur dann kann der Lehrer beispielsweise

- Arbeitsaufträge so formulieren, dass alle in der Lage sind, mit der Arbeit zu beginnen,
- eine Lernatmosphäre schaffen, in der sich alle akzeptiert fühlen und sich (sprachlich) einbringen

und

- Fachbegriffe so einführen, dass alle Schüler diese in ihrem passiven Wortschatz aufnehmen und in ihrem aktiven Wortschatz verwenden.

Sprachsensibler Unterricht meint, alle Schüler individuell nach ihren Kompetenzen sprachlich zu fördern und zu fordern.
Josef Leisen schreibt dazu: „Sprachsensibler Fachunterricht ist der bewusste Umgang mit Sprache beim Lehren und Lernen im Fach […]. Denn Sprache ist nicht nur ein gutes diagnostisches Instrument, um etwaigen Förderbedarf festzustellen und daran zu arbeiten; sie ist vielmehr Grundvoraussetzung für das Verstehen und Kommunizieren im Fach überhaupt. Sprache ist somit der Schlüssel (auch) für einen gelingenden Fachunterricht.“ (Leisen (2010), S. 3). Leisen versteht sprachsensiblen Fachunterricht zwar als „[…] ausdrückliche Maßnahme zur Kompetenzförderung sprachschwacher Lerner mit und ohne Migrationshintergrund beim Sprechen, Lesen und Schreiben“ (Leisen (2010), S. 4), jedoch lässt sich sein Ansatz des permanent bewussten Umgangs mit Sprache beim Lehren und Lernen auf alle Schüler in allen Unterrichtsfächern übertragen.

Sprache ist Schlüssel für einen gelungenen Fachunterricht.

3.3 Rolle und Handlungsfelder des Lehrers in der Grundschule

Lehrpersonen an heutigen Grundschulen müssen sich dem Paradigmenwechsel vom Lehren zum Lernen stellen und ihre Handlungsfelder und Rollen dementsprechend überdenken bzw. anpassen. Die individuellen Kompetenzen der Schüler müssen berücksichtigt und gefördert, die Kinder zum selbstständigen Lernen angeregt und die Lernwege individuell begleitet werden. Dies erfordert von einem Lehrer nicht nur eine Unterrichtsorganisation, die individuelles und kompetenzorientiertes Lernen möglich macht, sondern auch eine individuelle Ansprache, sodass sich jedes Kind (sprachlich) verstanden, angenommen und unterstützt fühlt.

individuelle Ansprache

Schulische Handlungsfelder sind die folgenden:
- Unterrichten
- Diagnostizieren/Beurteilen/Bewerten
- Erziehen und Beraten

Die Handlungsfelder von Lehrern in der Grundschule sind vielseitig und dadurch gekennzeichnet, dass ein Lehrer zu den Schülern, zu Eltern bzw. Erziehungsberechtigten, zu außerschulischen Einrichtungen und zu Kollegen Kontakt hat.
In diesem Buch liegt der Fokus auf den Unterricht, sodass sich die Rolle und die Handlungsfelder ausschließlich darauf beziehen. Es geht um den Kontakt mit und zu Schülern. In den Blick werden folglich die Handlungsfelder Unterrichten, Diagnostizieren/Beurteilen/Bewerten sowie Erziehen und Beraten genommen.

Kontakt mit und zu Schülern

Mit Blick auf den Unterricht lassen sich diese Handlungsfelder konkretisieren:

Ein Lehrer …

- stellt Beziehungen her
- gestaltet eine wertschätzende Lernatmosphäre
- fördert das (sprachliche) Miteinander in einer Lerngruppe
- hört genau zu
- tauscht sich aus / bespricht etwas / spricht sich ab
- beobachtet
- diagnostiziert individuelle Kompetenzen (fachliche, sprachliche, emotional-soziale, …)
- hilft / unterstützt
- stellt Aufgaben
- gibt Anweisungen
- stellt Fragen
- begleitet Lernprozesse (fördert problemorientiertes Arbeiten / unterstützt die Schüler dabei, ihre Kompetenzen selbst einzuschätzen / erarbeitet mit den Schülern individuelle Lernziele / teilt Lernziele mit / …)
- spricht vorbildlich
- strukturiert Lernprozesse
- bewertet
- berät
- wartet ab
- gestaltet Lernprozesse (schafft ein lernfreudiges und vertrauensvolles Arbeitsklima / schafft ein Lernarrangement, in dem jeder Schüler möglichst nach individuellen Kompetenzen selbstständig lernen kann / schafft Lernprozesse, die zum Kommunizieren anregen / reduziert (sprachliche) Inhalte didaktisch angemessen / …)
- setzt Grenzen
- achtet darauf, dass Regeln eingehalten werden
- schafft eine Arbeitsatmosphäre, die Fehler unbedingt erlaubt und Fragen ermöglicht bzw. herausfordert
- fördert die sprachlichen Kompetenzen der Schüler
- liest vor
- moderiert
- nimmt sich sprachlich zurück, damit die Schüler sprachlich aktiv werden
- korrigiert
- inszeniert
- modelliert[10]
- diktiert
- meldet zurück

[10] Modellierungstechniken nach Dannenbauer (siehe Dannenbauer (2006), S. 153-154) werden in Kapitel 4.2.3 vorgestellt.

Innerhalb der vielen verschiedenen Handlungsfelder nimmt der Lehrer diverse Rollen ein:

Ein Lehrer ist …

- Modell / Vorbild
- Berater
- Lernbegleiter / Lerncoach
- Beobachter
- Rückmelder
- Zuhörer
- Bewerter
- Ansager
- Organisator
- „Disziplinator“
- Provokateur[11]
- Informierender
- Helfer / Unterstützer
- Bezugsperson

Der Einsatz der Lehrersprache setzt sich aus verschiedenen Faktoren zusammen. So ist es von Bedeutung, in welchem Handlungsfeld sich ein Lehrer befindet und welche Rolle er innerhalb des Handlungsfeldes einnimmt.

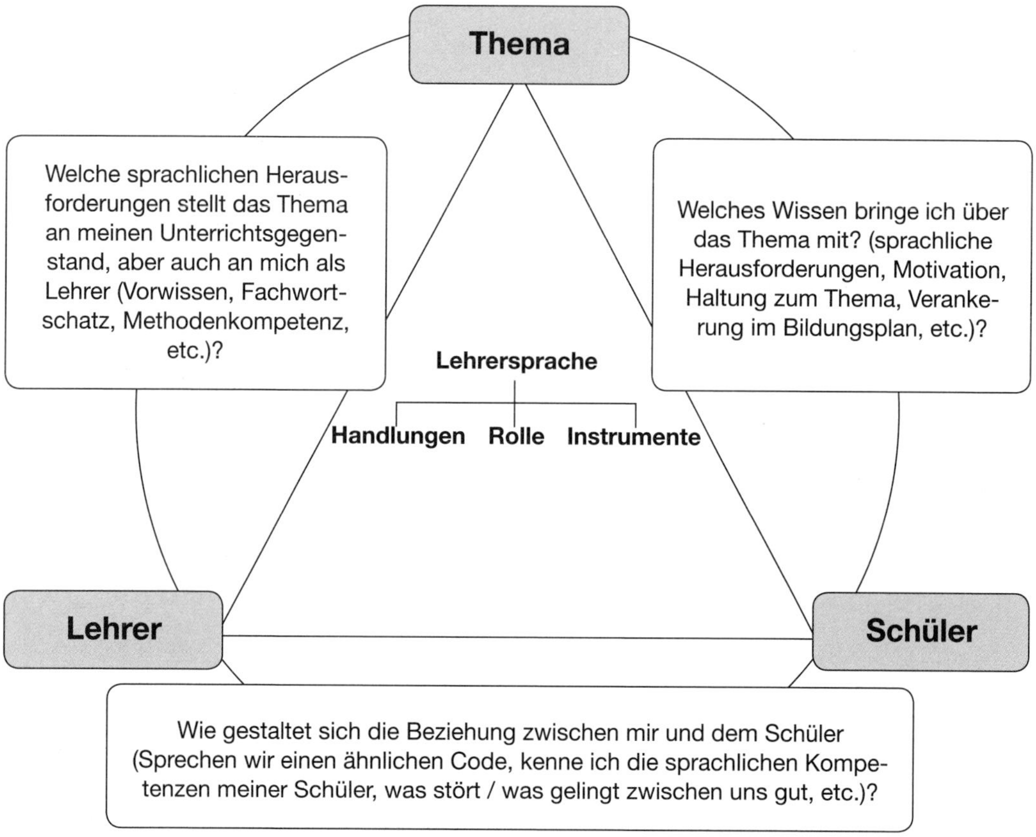

Je nach individueller Situation und individueller sprachlicher Kompetenz der Schüler nutzt der Lehrer verschiedene Instrumente, um zu kommunizieren. Diese werden im folgenden Kapitel vorgestellt.

[11] Im Sinne von: offene Fragen stellen, Nachdenken der Schüler provozieren

4 Instrumente der Lehrersprache

4.1 Vorbemerkung

Die Aufgabe eines Lehrers im Umgang mit den Schülern ist es, je nach Zielsetzung in verschiedenen Situationen, die (sprachlichen) Schüleraktivitäten angemessen zu begleiten. Der Lehrer stellt für die Schüler ein sprachliches Vorbild dar. Sprache hat somit eine ganz entscheidende Rolle in allen Handlungsfeldern und in jeder Rolle, die ein Lehrer einnimmt. Um diese Begleitung angemessen und zielorientiert durch die Lehrersprache zu realisieren, ist eine Auseinandersetzung mit verschiedenen Instrumenten von Lehrersprache sinnvoll. Ein Lehrer hat durch den Einsatz von diversen Instrumenten die Möglichkeit, dem Schüler je nach Handlungsfeld und Rolle mit seinen individuellen Kompetenzen zu begegnen, ihn bei (sprachlicher) Aktivität und Selbstreflexion zu unterstützen und ein individuell gesetztes Lernziel bzw. sprachliches Ziel zu verfolgen. Der Fokus der Lehrersprache sollte mehr auf das WIE gerichtet sein als auf das WAS.

Lehrer können die Kommunikation mit ihren Schülern durch den gezielten Einsatz der Instrumente begleiten. Versinnbildlicht ist Lehrersprache als eine Art „Spiel auf den Instrumenten“ zu sehen. Verschiedene Instrumente der Lehrersprache bringen die Kommunikation je nach Persönlichkeit unterschiedlich zum „Klingen“. Die Lehrersprache im Unterricht wird dabei nicht als „Solistenspiel“ einzelner sprachlicher Elemente des Lehrers verstanden. Erst im Zusammenspiel verschiedener Instrumente, wie zum Beispiel Stimme, Wortwahl, Mimik und Gestik, kann der Schüler differenziert begleitet werden.

Grundsätzlich gilt, dass zu der Lehrersprache alle Elemente kommunikativen Verhaltens gehören. Um den Einsatz in der Komplexität zu verstehen, sich darin zu üben und zu beobachten, werden die signifikanten Instrumente der Lehrersprache visualisiert und beschrieben.

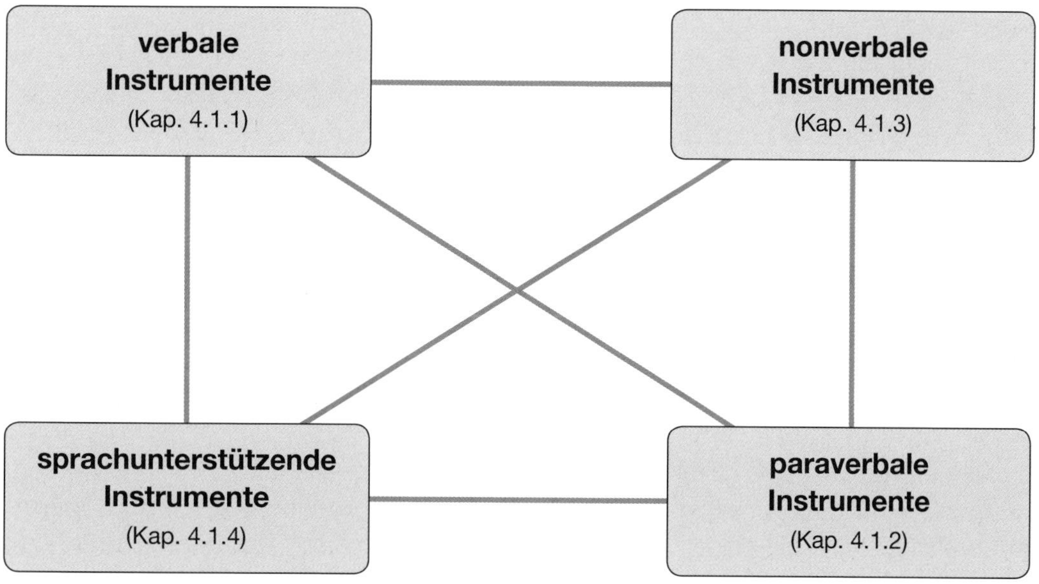

Abb. 1: Instrumente der Lehrersprache

4.1.1 Verbale Instrumente

<u>Die **Wortwahl** ist bedeutsam für:</u>

- das Verstehen und (Re-)Produzieren des gesprochenen Inhalts
- die Gestaltung von Beziehungen (Lehrer – Schüler/Schüler – Schüler)

Die Unterrichtssprache unterscheidet sich von der Alltagssprache.

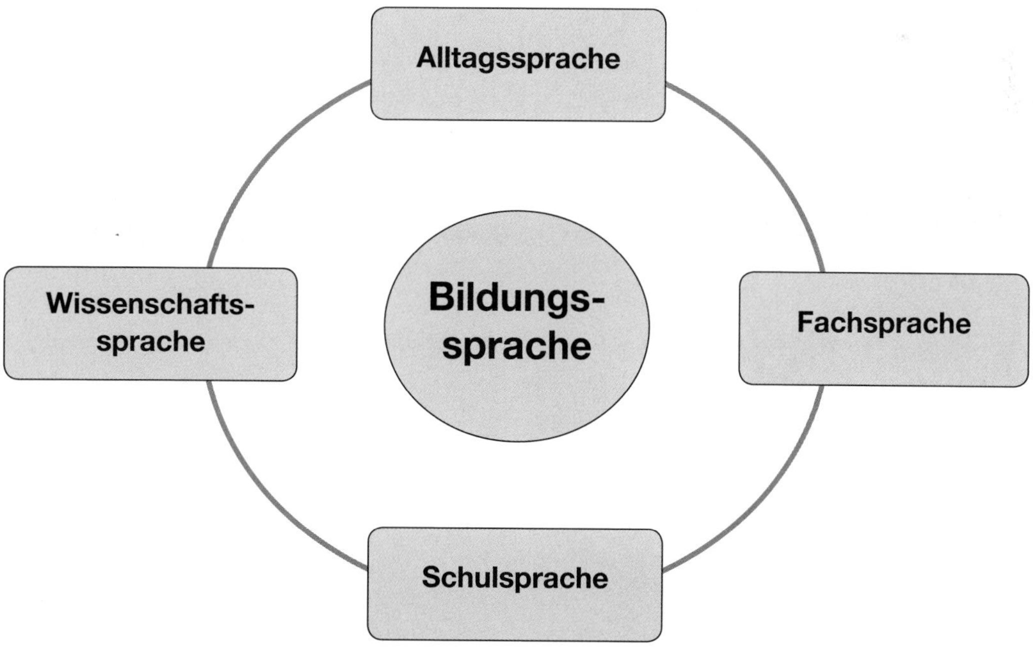

Sie beinhaltet Wörter, die umgangssprachlich nicht unbedingt verwendet werden und nicht allen Schülern bekannt sind. Die noch unbekannten Wörter werden an den sprachlichen Voraussetzungen der Schüler orientiert eingesetzt, sodass alle Schüler diese verstehen, behalten und selbst verwenden können.

So sollte sich ein Lehrer bei der Auswahl seiner Wörter die Frage stellen, ob er einen ähnlichen „Code" (Alltagssprache) des Schülers oder ein elaboriertes, fachlich angepasstes, neues Lexikon (Bildungssprache/Fachsprache) verwendet (zum Beispiel: „Wir wollen die Zahlen zusammenzählen." oder „Wir addieren die Zahlen") oder sich in der Schulsprache bewegt (zum Beispiel: „Wir gehen in die Wahlpflichtkurse.").

Der **Satzbau** ist bedeutsam für:
- das Verstehen von Inhalten
- das Behalten von Inhalten

Kurze und doch komplexe Sätze werden in der Regel besser verstanden und behalten als lange, verschachtelte Sätze.
Zum Beispiel: „Lies und markiere die richtigen Schlüsselwörter." versus „Für deine Zusammenfassung, die du gleich schreiben sollst und für die du deinen Bleistift, hoffentlich angespitzt, dabei haben musst, lies bitte Seite 3 und markiere die Schlüsselwörter mit einem gelben Textmarker." Der Lehrer überdenkt die Art der Satzstruktur und setzt diese je nach individueller Sprachkompetenz des Schülers bzw. der Lerngruppe sowie sprachlicher Zielsetzung unterschiedlich ein.

Die **Strukturierung der Inhalte** ist bedeutsam für:
- das Nachvollziehen der Inhalte im Kontext
- die Umsetzung von Anweisungen

Ein inhaltlich strukturierter Vortrag oder eine eindeutige kontextbezogene Anweisung können gut verstanden, weil nachvollzogen werden.

Die **korrekte Artikulation** ist bedeutsam für:
- das Erlernen neuer Fachwörter
- das korrekte (Nach-)Sprechen von Wörtern
- das Heraushören von Lauten

Entscheidend ist der deutliche Einsatz der Mundmotorik und der Zungenbewegung durch den Lehrer. So können sich Schüler die Mund- und Zungenbewegung abschauen und lernen dabei, Laute sowie Wörter selbst korrekt zu produzieren. Außerdem wird die akustische Diskriminierungsschwäche (Beispiel: Kanne – Tanne) geschult.

Die **differenzierte Ansprache** ist bedeutsam für:

- das Herstellen einer Beziehung zwischen Schüler und Lehrer
- das Motivieren der einzelnen Schüler, an Unterrichtsprozessen aktiv beteiligt zu sein
- das Schaffen einer angstfreien Kommunikation
- das Erreichen individueller sprachlicher Ziele

Die Auswahl der Personalpronomen in der Ansprache kann unterschiedliche Wirkungen haben:
Zum Beispiel: „**Ihr** versucht es zusammen." versus „**Du** versuchst es mit den anderen." / „Geht zu den Stationen und fangt an zu arbeiten." versus „Gehe zu den Stationen und beginne zu arbeiten."
Grundsätzlich gilt, dass eine positive Formulierung zur tatsächlichen Umsetzung führt. Negative Formulierungen werden selten in der Negation verstanden. Das Wort „nicht" wird in den meisten Fällen eliminiert. Zum Beispiel: „Schreibe bitte mit dem Bleistift." impliziert das Ziel, das verfolgt wird, im Gegensatz zu der Aussage „Schreibe nicht mit dem Füller." Zudem ist der Lehrer durch die Verwendung des Wortes „bitte" ein Vorbild für höfliche Kommunikation für die Schüler, die diesen Begriff in ihren aktiven Wortschatz mit aufnehmen.

4.1.2 Paraverbale Instrumente

Der Einsatz von **Sprechgeschwindigkeit** und
der Einsatz von **Sprechmelodie** ist bedeutsam für:

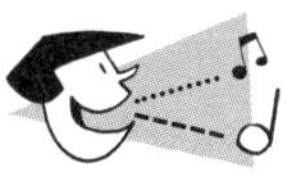

- das Zuhören von Gesprochenem / das Verbessern der Hörbereitschaft
- das Schaffen von Aufmerksamkeit
- das Behalten von Inhalten
- eine ruhige Arbeitsatmosphäre
- das Herausarbeiten und -hören von Schlüsselbegriffen
- das Verstehen und Behalten von Begriffen
- das Fördern der emotionalen Befindlichkeit des Hörers

Ein angemessenes Sprechtempo sowie der unterschiedliche Einsatz von Tempi erhöhen die Hörbereitschaft und das Verstehen von Inhalten. Ebenso kann durch den Einsatz beider Instrumente eine emotionale Stimulation stattfinden.
Zum Beispiel: Indem der Lehrer ruhiger wird und langsamer spricht, werden die Schüler auch ruhiger. Spricht der Lehrer laut und hastig, überträgt sich dies auf die Lerngruppe.
Auch beim Stellen von Arbeitsaufträgen oder Erklären wichtiger Wörter ist die Kombination aus beiden Gestaltungselementen von großer Bedeutung.

Der Einsatz von **Sprechpausen** ist bedeutsam für:

- das Fokussieren auf eine Schlüsselsequenz
- die sprachliche Aktivierung von Schülern
- das Mitdenken der Schüler

Sprechpausen geben dem Hörer die Möglichkeit zum „inneren Sprechen". Es entsteht eine verbale Lücke, die individuelle Assoziationen erlaubt. Sprechpausen sind ein Strukturierungselement der Sprache.

Der **ökonomische Einsatz der sprachlichen Mittel** ist bedeutsam für:

- die Stimmhygiene des Lehrers
- die Kommunikation zwischen Schüler und Lehrer sowie Schüler und Schüler
- die Sprechaktivität der Schüler

Eine gute Kommunikation im Unterricht zeigt sich in dialogischen Sprechformen zwischen Lehrern und Schülern sowie Schülern und Schülern. Ein Unterricht, in dem der Lehrer mit dem Schüler zusammen über den Unterrichtsgegenstand spricht, ihn befragt und sprachlich kommentieren lässt, ermöglicht einen effektiven Lernzuwachs. Jeder Unterricht beinhaltet Kommunikation und bietet den Schülern Chancen, diese positiv zu erleben.
Ein Lehrer sollte den eigenen Sprachanteil im Unterricht so gering wie nötig halten, um Schüler an der sprachlichen Gestaltung zu beteiligen. Er sollte angemessen mit seinem „Sprechapparat“ umgehen. Über einen bestimmten Geräuschpegel hinaus noch zu sprechen oder bei Unverständnis von Anweisungen immer weiter verbale Kommentare anzuhängen, ist nicht zielführend.
So ist der zusätzliche Einsatz nicht sprachlicher Instrumente notwendig und effektiv.

4.1.3 Nonverbale Instrumente

Die Bedeutung nonverbaler Instrumente für das Sprachverstehen ist sehr hoch. Durch den Einsatz nonverbaler Instrumente bekommt das Gesprochene erst seine Bedeutung und unterstützt das Verstehen.
Es kann aber auch vorkommen, dass gehörte Inhalte im Widerspruch zu dem „Gesehenen“ stehen. Daraus können sich unter Umständen Konflikte zwischen den Kommunikationspartnern ergeben bzw. der Schüler kann das von ihm Aufgenommene nicht richtig einordnen. Eine Schwierigkeit besteht zudem darin, dass in unterschiedlichen Kulturen nonverbale Signale unterschiedliche Bedeutung haben. Ebenso kann auch innerhalb einer Kultur der Einsatz von nonverbalen Instrumenten mit unterschiedlicher Zielsetzung geschehen.
So ist es für eine gelungene Kommunikation sehr wichtig, dass sich Kommunikationspartner erst kennenlernen, um die Signale des Nonverbalen richtig zu verstehen. Zu beobachten ist dies im Prozess des intensiven Kennenlernens in alltäglichen Situationen: Fremde Kommunikationspartner schauen sich beim Sprechen intensiver an. Sie benötigen ihre Beobachtung, um den „Fremden“ richtig zu verstehen. Dieses wird nicht mehr so aktiv praktiziert, wenn Menschen sich schon gut kennen. Schüler müssen sich auf neue Kommunikationspartner einstellen. Ein neuer Lehrer sollte sich folglich aktiver vor seiner Lerngruppe präsentieren als ein bekannter Klassenlehrer. Versäumt es ein Lehrer, sich in der ersten Kennenlernphase intensiv „bekannt“ zu machen, hat er es schwerer, die Aufmerksamkeit seiner Schüler für den Unterrichtsgegenstand zu bekommen. Eine antlitzgerichtete Kommunikation ist dabei ein wichtiges Prinzip.

Nonverbale Instrumente sind Mimik, Gestik, Körperhaltung, Positionierung und Status.

Die **Mimik** gibt der verbal geäußerten Botschaft erst die entscheidende Bedeutung. Sie unterstützt die Konnotation.

Die **Gestik** gestaltet die Inhalte, die sprachlich gesendet werden sollen. Sie schafft zudem Beziehung, stellt Nähe oder Distanz her.

Zum Beispiel: Ein Lehrer ermutigt einen Schüler und berührt ihn dabei an der Schulter.
Gesten stehen im engen Zusammenhang zum Ziel der Botschaft. Zentral zum Einsatz kommen die Arme, Hände und Schultern.

Die **Körperhaltung** drückt emotionale Befindlichkeiten aus und wirkt sich auf die Beziehung zwischen Sprecher und Hörer aus.

Der Lehrer positioniert seine Arme und Beine, richtet sich auf oder krümmt sich, dreht sich vom Schüler weg oder baut sich direkt vor ihm auf.

4. Instrumente der Lehrersprache

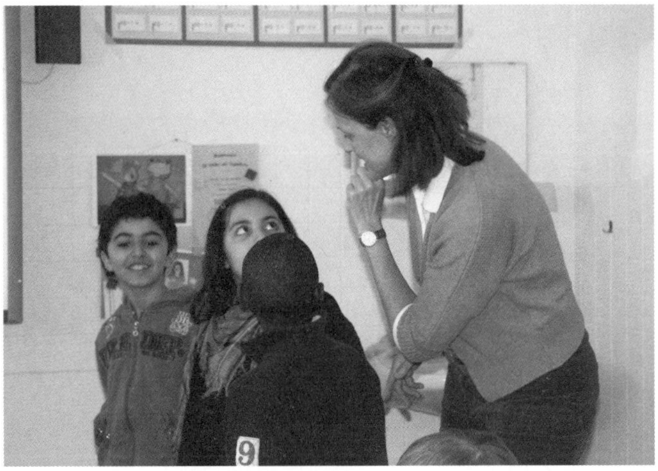

Die **Positionierung** meint, dass die nonverbalen Instrumente im Raum verschieden gestaltet werden können.

Der Lehrer kann sitzen, stehen, aber auch langsam gehen oder hastig auf einen Schüler zugehen. All diese Gestaltungen setzen inhaltliche Akzente und beeinflussen die Botschaft des Lehrers sowie die Hörkompetenz der Schüler.
Spricht der Lehrer hinter einem Schüler, nimmt er ihm die Möglichkeit, nonverbale Elemente zu erkennen, erleichtert ihm jedoch den Zugang zu den verbalen und paraverbalen Sprachgestaltungsmitteln.

Menschen beziehen immer „Stellung“, wenn sie in Kontakt treten. Durch die Positionierung, die Art und Weise der Kopf- und Körperhaltung, die Stellung der Beine und Füße und den Einsatz der Mimik (Intensität des Blickkontaktes, Mundhaltung) und Gestik (Hände, Haltung der Arme) kennzeichnet der Lehrer seinen Status. In der klassischen Literatur findet man dies unter der Bezeichnung Hoch- und Tiefstatus[12]. Die Kommunikationspartner nehmen im Unterricht einen Hoch- und Tiefstatus in wechselnder Form ein. Diese werden durch bestimmte Verhaltensmuster dargestellt, wie z. B.:

[12] Eine genaue Beschreibung und Auseinandersetzung mit Hoch- und Tiefstatus ist bei Plath (2010) zu finden.

Hochstatus	Tiefstatus
langsame, ruhige Bewegung wenige Bewegungen entspannt schreiten	schnelle, hektische Bewegungen viele kleine Bewegungen schüchterne, verzagte Bewegungen
den ganzen Stuhl benutzen aufgerichtet; offen sitzen Blickkontakt halten	auf der Sitzkante sitzen sich auf den Stuhl klein machen Blick immer wieder abwenden und zuwenden / Blick weicht dem Anderen aus

Diese Beispiele sind den Tabellen von Plath (2010), S. 65–67 entnommen. Ob die genannten Verhaltensmuster tatsächlich einen Hoch- oder Tiefstatus ausdrücken, hängt natürlich von der Situation, der Persönlichkeit und dem Kommunikationsinhalt ab.

Durch die Einnahme eines Hoch- oder Tiefstatus können Lern- und Verhaltensprozesse von Schülern maßgeblich beeinflusst werden.

4.1.4 Sprachunterstützende Instrumente

Wenn Lehrersprache allein nicht ausreicht oder ein anderer Zugang als Sprache für Schüler notwendig ist, kann man sich sprachunterstützender Instrumente bedienen.[13]

Beispiele für sprachunterstützende Instrumente:

- **Schrift:** verbale und nonverbale Elemente können durch Schriftsprache unterstützt oder gar ersetzt werden.

- **Medien:** Musik kann eine Erzählung in der Aussagekraft unterstützen. Requisiten und Grafiken können zur Sprache hinzugezogen werden, um Inhalte deutlicher darzustellen.

[13] Die sprachunterstützenden Instrumente können in den späteren Übungen (vgl. Kapitel 5) verwendet werden. Zentrales Anliegen des Buches ist es jedoch, die verbalen, nonverbalen und paraverbalen Instrumente auszuprobieren und sein sprachliches Verhalten zu reflektieren und zu erweitern.

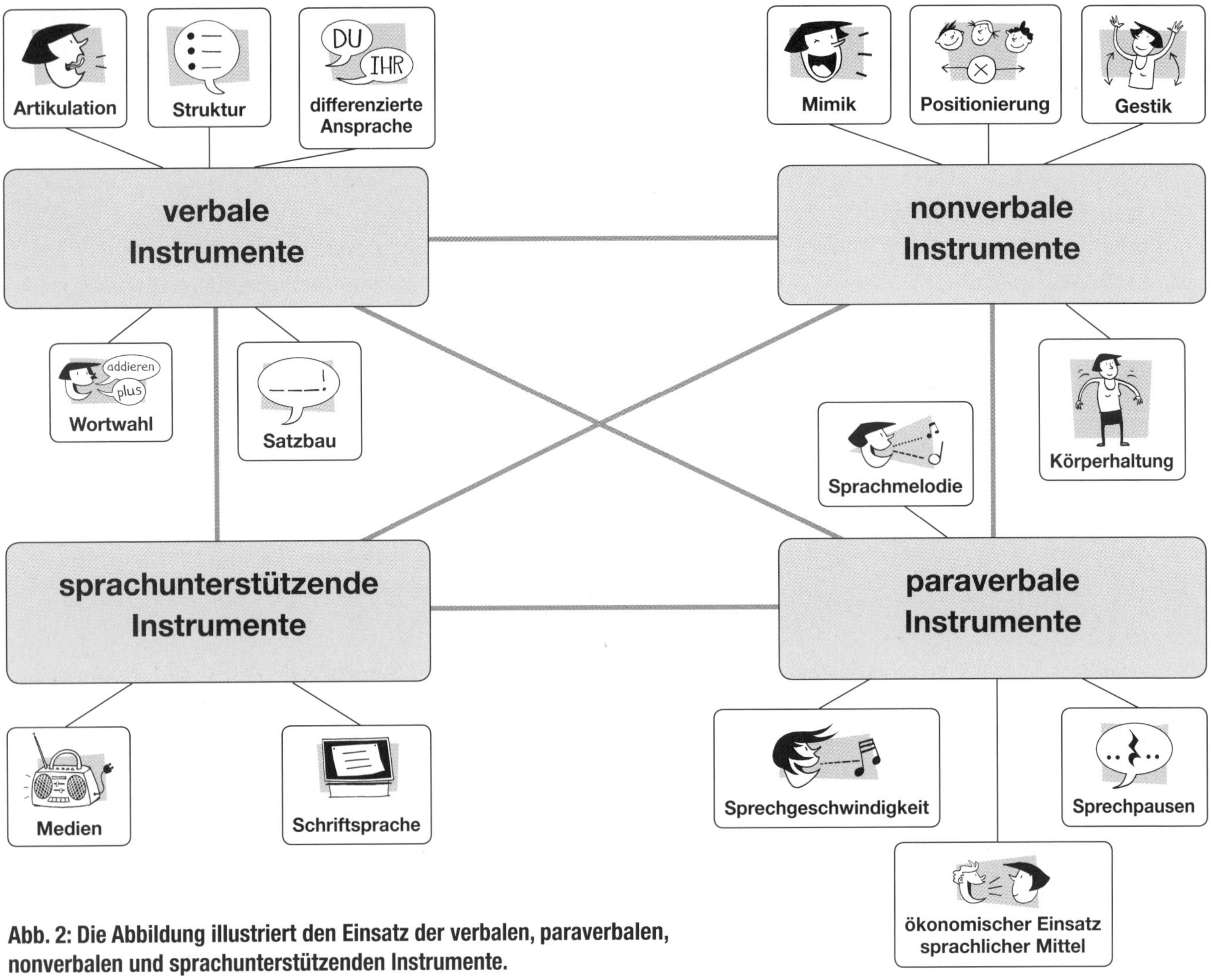

Abb. 2: Die Abbildung illustriert den Einsatz der verbalen, paraverbalen, nonverbalen und sprachunterstützenden Instrumente.

4.2 Einsatz im Unterricht

Lehrersprache soll so eingesetzt werden, dass die Schüler individuell davon profitieren. Lehrersprache wird von den Schülern gesehen und gehört. Schüler imitieren Lehrersprache.

4.2.1 Funktionen

- **Instrumente zum Abschauen:** Körperhaltung/Mimik/Gestik/Mundbewegung/…
- **Instrumente zum Abhören:** Wortschatz und Satzbau je nach Schülerniveau / prosodische Hervorhebung nach Zielstruktur: z. B. langsam bzw. schnell, laut bzw. leise, Gebrauch von bewusst gesetzten Sprechpausen / Wiederholung von Satzteilen zur Vereinfachung der Speicherung / Kennzeichnung einer Sprechrolle durch unterschiedliche Stimmlagen / …
- **Instrumente zum Mitmachen:** Beim Zuhören folgt der Schüler dem Sprecher in einer Art „inneren Sprache". Dabei übernimmt er bei längeren Monologen seine Atmung. Der Lehrer kann seine Sprache so einsetzen, dass der Schüler anstelle des Lehrers oder gemeinsam mit ihm spricht.
  Beispiele: Schüler können den Lehrer ersetzen, wenn dieser klassische, ritualisierte Fragen und Aufgabenformulierungen verwendet / Schüler sprechen für den Lehrer mithilfe von Satzvorgaben oder Piktogrammen / Schüler übernehmen die Moderation / Schüler und der Lehrer sprechen im Chor / …

Sprachsensibler Unterricht folgt kontinuierlich dem Prinzip, die Schüler (sprachlich) zu aktivieren und den eigenen Sprachanteil zurückzunehmen. Eine passende Balance zwischen Einsatz und Zurücknahme der Sprache des Lehrers ist wichtig.

4.2.2 Beispiele

- Sprechen auf unterschiedlichem Niveau: Schülersprache[14], Fachsprache, Bildungssprache, Verwendung von Floskeln, Satzlänge lang oder kurz, Sätze mit oder ohne Nebensätzen, Sprechen in Sätzen oder in Bausteinen, …
- Arbeitsaufträge reduzieren
- Verbale Arbeitsanweisungen mit parallel ausgeführten Handlungen und Gesten begleiten, sodass die Verbalsprache veranschaulicht wird und zum Mitmachen, aber auch zum Abschauen anregt
- Modellierungen einsetzen (siehe dazu Kapitel 4.2.3.)
- Impulse setzen statt Fragen stellen (Denkprozesse der Schüler werden vielfältig angeregt)
- offene statt geschlossene Fragen formulieren (z. B. „Was machst du, bevor du über die Straße gehst?“ versus „Guckst du immer nach links, rechts und wieder nach links, bevor du über die Straße gehst?“
- Schüleräußerungen aufschreiben bzw. visualisieren
- Reduktion von Ablenkern: Blickkontakt, ruhiges Körperverhalten, angemessene Wortwahl, …
- Satzformate vorgeben, die von den Schülern aufgenommen und verinnerlich werden können (zum Beispiel: „Ich vermute, dass …“ Dieses Format regt die Schüler dazu an, den Begriff „vermuten“ in ihren aktiven Wortschatz aufzunehmen und eine Nebensatzstruktur mit richtiger Verbstellung zu verwenden.)
- Einsatz von Demonstrationstechniken: der Lehrer macht etwas vor und die Schüler versprachlichen diesen Vorgang
- frontale Unterrichtsgespräche zur Einführung von Fachbegriffen oder sprachlichen Formaten nutzen / offene Arbeitssituationen (z. B. Lernwerkstatt) zur sprachlichen Modellierung sowie zur individuellen sprachlichen Förderung nutzen
- Metasprache verwenden: Reflexion über Sprachstrukturen
- Rückfragen bei Nichtverstehen einer Schüleräußerung: u. a. ist man dadurch ein Vorbild für das Monitoring des Sprachverstehens[15]
- Sprechtechniken: singend, verzögernd, flüsternd, im Rhythmus, …
- differenzierte Präsentationstechniken: handlungsbegleitendes Sprechen, nur Mimik verwenden, Einsatz von Gebärden, etwas offen lassen (neugierig machen), …
- Schüler mitsprechen lassen: chorisches Sprechen, rappen, singen, …

---

[14] Gemeint ist eine Wortwahl, die sich der von Grundschülern annähert. Gemeint ist damit nicht, die Wortwahl von Schülern zu übernehmen.

[15] Monitoring des Sprachverstehens meint das Signalisieren, dass etwas verstanden bzw. nicht verstanden wurde. Ein Schüler fragt bei Nichtverstehen z. B. nach oder signalisiert das Nichtverstehen durch seine Mimik und Gestik, siehe auch Seite 25.

4.2.3 Modellierungstechniken[16]

Modellierungstechnik	Funktion	Beispiel
den kindlichen Äußerungen vorausgehende Sprachmodelle		
Präsentation	Lehrer setzt sprachliche Zielstrukturen gehäuft ein.	<u>Verwendung von Futur:</u> Lehrer: „Ich **werde** gleich ein Brot **essen**. Was **wirst** du **essen**? **Wirst** du eine Banane **essen**?“
Parallelsprechen	Lehrer versprachlicht Intentionen der Schüler.	<u>Herausarbeiten des Akkusativ mit Begleiter:</u> Lehrer: „Du nimmst dir bestimmt gleich **den** gelben Spielstein und dann die Fragekarte. Ich vermute, dass du auch gleich **das** Spielbrett auf den Tisch legst.
Alternativfragen	Lehrer bietet zwei Zielstrukturen an, die von den Schülern beantwortet werden sollen.	<u>Verwendung von Präpositionen in Kombination mit Dativ:</u> Lehrer: „Steht der blaue Bauklotz **auf dem** roten oder **neben dem** roten Bauklotz?“
den kindlichen Äußerungen nachfolgende Sprachmodelle		
Umformung	Lehrer verändert Schüleräußerung und baut dabei die Zielstruktur ein.	<u>Verbflexion 2. Person Singular:</u> Schüler: „Ich nehme mir Station 3.“ Lehrer: „Ja, **du nimmst** dir Station 3.“ Und **du** (zu einem anderen Schüler) **nimmst** Station 4.“
korrektives Feedback	Lehrer gibt Schüleräußerung korrekt wieder.	<u>Verbkonjugation:</u> Schüler: „Der Hund schlaft.“ Lehrer: „Ja, der Hund **schläft**.“
modellierte Selbstkorrektur	Lehrer wiederholt vom Schüler falsch verwendete sprachliche Struktur und korrigiert sich danach sofort.	<u>Verbflexion 1. Person Singular:</u> „Ich lauf in das Lehrerzimmer. Nein, falsch, **ich laufe** in das Lehrerzimmer.“

[16] In der Tabelle werden einige Modellierungstechniken, die für die Grundschule wichtig sind, vorgestellt. Eine vollständige Liste von Modellierungstechniken ist bei Dannenbauer (2006), S. 153–154) zu finden.

5 Trainingskonzept

5.1 Warm-ups

5.1.1 Vorbemerkung

Bevor gezielt Übungen der Lehrersprache stattfinden, sollen zunächst einmal die verschiedenen Bereiche der Lehrersprache mit unterschiedlichen Übungen aktiviert werden. Es geht darum, sich einzufühlen und für die vielen Facetten der Lehrersprache sensibilisiert zu werden. Es soll eine Bewusstheit für die eigene Sprache erreicht werden, wobei der Fokus auf den vorgestellten Instrumenten der Lehrersprache liegt.
Je nach Situation können die Aufwärmübungen in der Ausbildung, in Fortbildungsveranstaltungen sowie in der Schule mit Kollegen oder zum Teil auch mit Schülern durchgeführt werden. Warm-ups stehen immer zu Beginn einer Trainingseinheit.[17] Hier steht der Trainingsleiter (dieser wird vorher bestimmt oder ist durch das Setting festgelegt) aktiv im Vordergrund, indem er die Gruppe motiviert zum Mitmachen auffordert. Die Auswahl und Anzahl bleibt dem Trainingsleiter überlassen. Zu empfehlen ist dabei, dass die Aufwärmübungen zu den ausgewählten Workshops passen.
Es sei erwähnt, dass eine mehrtägige Veranstaltung zum Thema Lehrersprache am effektivsten ist.

Ein Beispiel für eine Strukturierung einer Fortbildungsveranstaltung kann wie folgt aussehen:

- **Begrüßung durch den Leiter**
  - An dieser Stelle sollten bereits Instrumente der Lehrersprache deutlich gemacht werden: z. B. Wechsel zwischen verbaler und nonverbaler Sprache bei der Begrüßung, der differenzierten Ansprache (Herzlich Willkommen, liebe Teilnehmer ... Guten Tag, Herr Müller)
- Warm-up 1: Begrüßung der Teilnehmer auf unterschiedliche Art und Weise
- kurzer Input: Lehrersprache
- Warm-ups zur Einstimmung auf das Thema
  - Es werden in diesem Buch zwölf Möglichkeiten vorgestellt. Je nach Gruppenzusammensetzung, Wünschen der Teilnehmer und Zielsetzung kann der Trainingsleiter passende Warm-ups auswählen.
- Workshops

Die Warm-ups werden in dialogischen Situationen geübt. Wird ein Warm-up mit der gesamten Gruppe oder Teilgruppe durchgeführt, findet zumindest die in den Übungen eingebaute kurze Reflexionsphase zu zweit statt. So kann die Art des Sendens sofort vom Empfänger gespiegelt werden.
Die Aufwärmübungen dienen dazu, sich den Instrumenten der Lehrersprache aktiv zu nähern und die eigene Lehrersprache nach ausgewählten Schwerpunkten zu reflektieren. In der Reflexion sollte die Selbstwahrnehmung Berücksichtigung finden. In den Warm-ups sind Fragen an die Teilnehmer formuliert, die individuell verwendet werden können. Um individuelle Erfahrungen zu ermöglichen, werden die Reflexionsfragen offen gehalten. Je nach Situation und Gruppenkonstellation können ggf. andere Fragen zur Reflexion formuliert werden. Wichtig ist jedoch, dass nach jedem Warm-up eine Möglichkeit zur Reflexion, wenn in manchen Fällen auch nur kurz, gegeben wird (Ausnahme ist die Übung 2 auf Seite 44).

[17] Siehe dazu auch die Übersichtstabelle auf Seite 42.

5.1.2 Trainingsbausteine

Warm-up	Thema	Vorbereitung	Material
1. Begrüßung	verbales-nonverbales Zusammenspiel	Stuhlkreis mit viel Platz in der Mitte	/
2. Ganzheitliches Aufwärmtraining	emotionale und körperliche Aktivierung	genug Platz für die Bewegung	Tücher, Musik
3. Gefühle ausdrücken	nonverbale Ausdrucksfähigkeit	genug Platz zum Laufen im Raum	Musik, Stoppzeichen (z. B. Triangel)
4. Atmung und Stimme	Atem- und Stimmtraining	Platz für Kreisbildung	
5. Pantomime	Mundmotorik	/	Poster mit Lauten, ggf. Spiegel
6. Zungenbrecher	Sprechmotorik und Rhythmus	im Stuhlkreis	/
7. Aktivierung des Zwerchfells	Koordination von Bauchatmung und Stimme	im Kreis	/
8. Nonverbales Ausdruckstraining	Körpersprache	viel Platz im Raum	/
9. Anweisungen geben	Stimme manipulativ einsetzen	viel Platz im Raum zum Gehen	/
10. Hochstatus – Tiefstatus ①	sprachliche Kennzeichnung eines bestimmten Status	max. sechs Stühle mit viel Platz davor zum Gehen	ein Poster mit Ausdrucksmöglichkeiten für Hoch- und Tiefstatus
11. Emotionale Sprache	Sprache im emotionalen Kontext ausprobieren	im Stuhlkreis	
12. Gleiche Inhalte unterschiedlich präsentieren ②	Ausdrucksmöglichkeiten gezielt einsetzen	zwei Stuhlreihen	

Verweist auf die entsprechende Film-Sequenz auf der Begleit-DVD.

1. Begrüßung

Ziel:

Verbale und nonverbale Instrumente in einer einfachen Kommunikationssituation einsetzen

Teilziele	Indikatoren
nonverbale Instrumente individuell und differenziert einsetzen	pantomimisch sprechen
sprachliche Begleitung der nonverbalen Aktionen	Verwendung verbaler Sprache zu Gestik und Mimik
die Positionen in einer Kommunikation gezielt einsetzen und reflektieren	Hoch- und Tiefstatus nach Vorgaben spielen

Vorbereitung/Material:

- Stuhlkreis mit viel freiem Platz in der Mitte

Ablauf:

1. Die Teilnehmer verteilen sich im Raum.
   a) Die Teilnehmer laufen im Raum herum und begrüßen sich nur mithilfe ihrer Mimik und Gestik. Die Kontaktaufnahme erfolgt ohne Berührung. Verschiedene Variationen sollen ausprobiert werden.
   b) Die Teilnehmer laufen im Raum herum und begrüßen sich nur mithilfe ihrer Mimik und Gestik. Bei dieser ersten Kontaktaufnahme dürfen sich die Teilnehmer berühren/anfassen. Verschiedene Begrüßungsmöglichkeiten sollen ausprobiert werden.
   c) Die Teilnehmer laufen im Raum herum und begrüßen sich verbal.
2. Die Gruppe teilt sich in Zweiergruppen (Teams) auf.
   a) Ein Teilnehmer sitzt auf einem Stuhl, der andere Teilnehmer steht. Die Teilnehmer begrüßen sich gegenseitig erst nonverbal, dann verbal. Die Partner tauschen ihre Positionen und wiederholen den Begrüßungsvorgang.
   b) Beide Teilnehmer stehen. Die Teilnehmer begrüßen sich gegenseitig erst verbal, dann nonverbal.

Reflexion:

- Wie wurden die nonverbalen und verbalen Begrüßungen erlebt?
- Wie wurde die Begrüßung in unterschiedlichen Positionen empfunden?

Variationen:

Inhalte auswählen, die im Kontext der Gruppe stehen, wie zum Beispiel:

- Ich stelle meinen Tag dar.
- Wie geht es dir? Wie geht es mir?

2. Ganzheitliches Aufwärmtraining

Ziel:

Teilbereiche der Sprache aktivieren

Teilziele	Indikatoren
bewusstes Einsetzen von Atmung, Körpersprache und Rhythmus	Bewegungen nach Vorgaben individuell umsetzen
Sprachhemmung abbauen	freiwilliges, individuelles Bewegen ohne Vorgaben
kontrastierende Bewegungen machen	Entspannung/Anspannung erfahren

Vorbereitung/Material:

- Raum für Bewegung
- Musik
- Tücher

Ablauf:

Die Übungen können frei nach Wissensstand des Trainingsleiters angeboten werden. Die hier dargestellten Übungen sind lediglich Vorschläge. Es muss keine bestimmte Reihenfolge eingehalten werden.

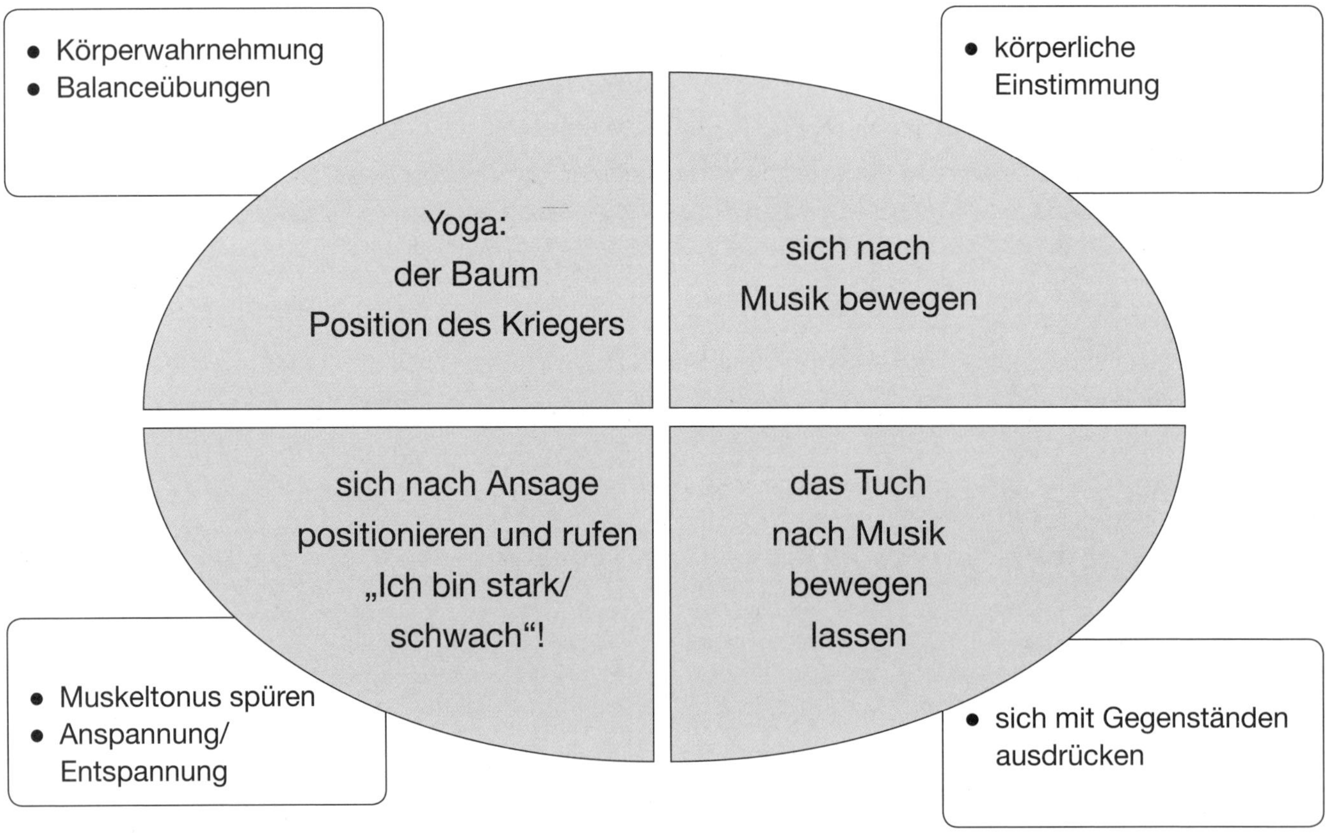

weitere Hinweise:

Je nach Gruppenzusammensetzung können auch nur Teile des Aufwärmtrainings mit den Teilnehmern gemacht werden.

3. Gefühle ausdrücken

Ziel:

Einsatz unterschiedlicher nonverbaler Ausdrucksmöglichkeiten

Teilziele	Indikatoren
antlitzgerichtet kommunizieren	sich anschauen
Mimik und Gestik zielgerichtet einsetzen	Auswahl bestimmter Gestik und Mimik
Mimik und Gestik deuten	Botschaft interpretieren

Vorbereitung:

- Platz zum Laufen im Raum
- Musik / Stoppzeichen (z. B. Triangel)

Verlauf:

1. Gruppe läuft nach Musik durch den Raum.
2. Musik wird gestoppt. Jeder Teilnehmer wendet sich einem anderen Teilnehmer zu.
3. Teilnehmer A fragt Teilnehmer B: „Wie geht es dir?“
4. Teilnehmer B antwortet nonverbal.
5. Teilnehmer A setzt die von ihm verstandene Botschaft in Sprache um: z. B. „Ich sehe, dass es dir nicht ganz so gut geht.“
6. Wechsel: Frage: „Und wie geht es dir?“
7. Nach Beenden des Zweiergespräches laufen die Teilnehmer nach Musik weiter.
   Die Übung wiederholt sich. Die Teilnehmer finden neue Partner.

Variationen:

- Keine Frage stellen und auch keine sprachliche Rückmeldungen.
  Der ganze Verlauf findet ausschließlich pantomimisch statt.

Reflexion:

- Welche sprachlichen bzw. nicht-sprachlichen Mittel wurden eingesetzt?

4. Atmung und Stimme

Ziel:

Artikulation einer ökonomischen Sprechatmung anpassen

Teilziele	Indikatoren
Erleben prosodischer Elemente	laut und leise/schnell und langsam sprechen
Motorik wird zur Unterstützung der Verbalsprache eingesetzt	Gebärden und Bewegungen begleiten den Prozess
sich stimmlich aufeinander einstellen	Übungen gemeinsam gestalten
Koordination von Atmung und Sprache	Einatmung mit der Ausatmung koordinieren

Vorbereitung/Material:

- Gruppenbildung (max. sechs bis acht Teilnehmer in einer Gruppe)
- viel Platz im Raum

Ablauf:

Eine Gruppe bildet einen Kreis und macht folgende Übung:

1. Ansager gibt den Laut vor.
2. Die Arme öffnen sich mit der Einatmung.
3. Mit der Ausatmung den Laut artikulieren und langsam zur Mitte gehen, Arme schließen sich dabei. Die Laute werden außen laut und nach innen leiser gesprochen.
4. Jeder bleibt bei seinem individuellen Ende stehen, und zwar immer dann, wenn kein Atem mehr vorhanden ist.
5. Erneut mit der Einatmung zurück zum Außenkreis. Die Arme öffnen sich dabei. Der Prozess beginnt von vorne.
6. Die Übung beginnt von vorn mit einem anderen Laut.

Folgende Laute können artikuliert werden:

Vokale : A O U I
Konsonanten: SCH, F

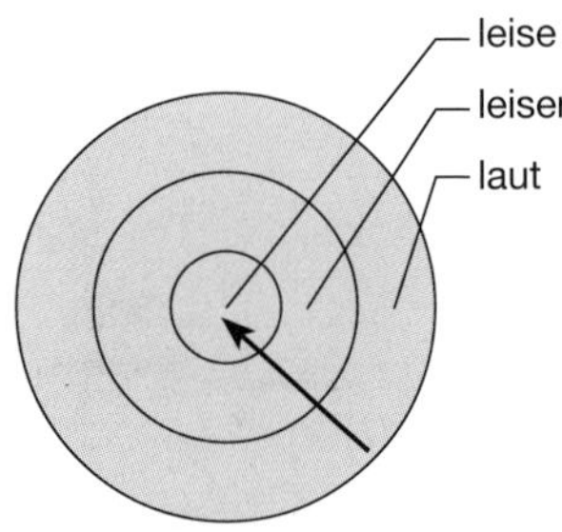

Reflexion:

- Wie weit reichte die Stimme?
- Wie war das Zusammenspiel von Atmung und Stimme?

Variationen:

- auf Zehenspitzen in den Kreis gehen; schnell und langsam gehen
- Arme nach oben strecken und langsam nach unten führen (unterschiedliche Armbewegung kann die Intonation verändern)

5. Pantomime

Ziel:

Training einer deutlichen Mundmotorik (Indikator: Bildung von Lauten ohne Stimme)

Vorbereitung/Material:

- Partnerarbeit (Teilnehmer verteilen sich im Raum und sitzen auf Stühlen)
- Poster mit Lauten
- Spiegel

Ablauf:

Jeweils zwei Teilnehmer arbeiten zusammen. Einer spricht einen Laut ganz deutlich, jedoch ohne dabei die Stimme einzusetzen. Der andere sieht die Artikulation und versucht zu erkennen, um welchen Laut es sich handelt. Die Teilnehmer wechseln sich ab.

Folgende Laute werden deutlich artikuliert und versucht, zu erraten:

- A, E, I, O, U
- B, D, F, L, M, N, P, S, T

Reflexion:

- Welche Vokale sind leicht und welche schwer voneinander zu unterscheiden?
- Welche Erfahrungen wurden mit der Mundmotorik gemacht?

Hinweis:

Die Teilnehmer können einen Spiegel verwenden, um sich ihrer eigenen Artikulation bewusst zu werden.

6. Zungenbrecher

Ziel:

Training unterschiedlicher Lautbildung

Teilziele	Indikatoren
mundmotorisches Training verschiedener Artikulationsstellen	hohe Sprechgeschwindigkeit verlangt sprechmotorische Koordination
Zusammenspiel von Rhythmus und Sprache erfahren	dieselben Laute in verschiedener Akzentuierung sprechen
sprechmotorisches Training	Verbindung von Sprache mit Bewegung

Vorbereitung:

- Stuhlkreis

Ablauf:

1. Die folgenden Laute werden vom Trainingsleiter vorgegeben: P, T, K
   P = mit der rechten Hand auf das rechte Bein klopfen
   T = mit der linken Hand auf das linke Bein klopfen
   K = in die Hände klatschen
2. Alle Teilnehmer stimmen mit ein. Die Geschwindigkeit erhöht sich mit der Zeit.
3. Der Trainingsleiter gibt verschiedene Akzentuierungen vor, die die Teilnehmer mitmachen.
   - <u>**P**</u> T K
   - P <u>**T**</u> K
   - P T <u>**K**</u>

Variationen:

1. Der Trainingsleiter beginnt mit der Lautfolge und den dazugehörigen Bewegungen. Die Lautfolge wird einzeln im Kreis weitergereicht (immer der rechte Sitznachbar macht die Lautfolge, nachdem der linke Sitznachbar die Lautfolge beendet hat).
2. Die Lautfolge wird einzeln im Kreis weitergereicht. Die Teilnehmer schließen die Augen und erspüren, wann sie an der Reihe sind.

Reflexion:

- Wie wurde die Kombination von Lauten und Bewegungen empfunden?
- Was hat geholfen, die Lautfolgen im Kreis weiterzureichen?

Hinweis:

Bei mehr als 25 Teilnehmern bitte zwei Gruppen bilden.

7. Aktivierung des Zwerchfells

Ziel:
Training der Bauchatmung und Kräftigung des Stimmklanges

Teilziele	Indikatoren
Bauchatmung aktivieren	Bauchdecke federt nach innen und außen
Sprechen und Atmen koordinieren	Die Artikulation provoziert eine Bauchatmung, die Einatmung erfolgt reflektorisch.

Vorbereitung:
- Die Teilnehmer stehen im Kreis und nehmen dabei folgende Körperposition ein: entspannte, aufrechte Körperhaltung, die Hände auf die Bauchdecke legen

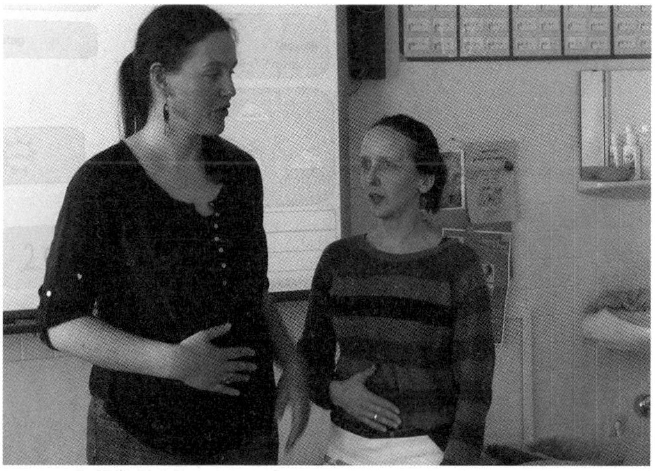

Ablauf:
Der Gruppenleiter spricht vor. Die Gruppe wiederholt das Gesprochene.
1. hooo hooo ho ho ho ho
2. haaa haaa ha ha ha ha

Variationen:
Die Übung kann im Liegen oder Sitzen durchgeführt werden.

Reflexion:
- Wie wurde das Zusammenspiel von Bauchatmung und Sprechen wahrgenommen?
- Wurden Unterschiede im Liegen, Stehen oder Sitzen wahrgenommen?

Hinweis:
Sollten kaum Erfahrungen mit der Bauchatmung vorhanden sein, so sollte diese erst einmal mit einem Laut bewusst gemacht werden.
Der Bauch wird bei der Stimmgebung leicht nach innen gedrückt.

8. Nonverbales Ausdruckstraining

Ziel:
Sich durch den Körper ausdrücken

Teilziele	**Indikatoren**
Körperteile differenziert einsetzen	Körpersprache nach Ansage einsetzen
nonverbale Ausdrucksmöglichkeiten erweitern	eigene und fremde Beispiele nonverbaler Ausdrucksmöglichkeiten beobachten und ggf. ausprobieren

Vorbereitung/Material:
- viel Platz zum Gehen
- Ein Beispiel wird vom Trainingsleiter vorgegeben:
  Er stellt einen „gefühlvollen Ellenbogen“ mit Körperteilen dar.

Ablauf:
Alle Teilnehmer laufen durch den Raum. Der Trainingsleiter benennt Körperteile mit Gefühlen, die entsprechend dargestellt werden müssen:

zärtliches Knie	schwerer Fuß	neugierige Nase
ängstliche Augen	lustige Arme	erschreckte Hände

Im Fokus steht die körperliche Gestaltung und weniger die Ausdrucksmöglichkeit durch Mimik und Gestik.

Reflexion:
- Wie wurde die Ausdrucksmöglichkeit mit den Körperteilen erlebt?

9. Anweisungen geben

Ziel:

Stimme manipulativ einsetzen

Teilziele	Indikatoren
Botschaften sprachlich intentional gestalten	Gruppe über die Stimme in Aktion oder Entspannung bringen
sich sprachlich in der Gruppe positionieren	sich mit seiner Ansage stimmlich durchsetzen
kurze Aufträge formulieren	Teilnehmer können Aufträge ausführen

Vorbereitung/Material:

- viel Platz zum Gehen

Die Teilnehmer denken sich vor Beginn eine anregende oder beruhigende Formulierung aus (sprachliche Vorbereitung).

Ideen:
Ich stampfe laut auf den Boden.
Ich schleiche leise über den Boden.
Ich trommele mit den Fäusten.

Ablauf:

1. Alle gehen in einer entspannten Haltung durch den Raum. Ein Ansager wird nicht bestimmt. Teilnehmer entscheiden sich spontan, eine Ansage zu machen.
2. Der Ansager versprachlicht seinen Auftrag. Die Gruppe setzt die Ansage um.
3. Wiederholung (Die Bewegungen werden so lange fortgesetzt, bis eine neue Ansage gerufen wird.)

Es beginnt mit einem Beispiel vom Trainingsleiter.

1. Ansage: „Stampft laut auf den Boden."
2. Alle stampfen laut und gehen dabei durch den Raum.

Hinweise:

- Der Trainingsleiter führt sprachliche und nicht-sprachliche Elemente modellhaft vor.
- Es sollte jeder nur einmal eine Botschaft senden.

Reflexionsfrage:

- Womit wurde die Gruppe motiviert, den Auftrag umzusetzen?
- Wie wurde die Rolle des Ansagers wahrgenommen?

10. Hochstatus und Tiefstatus

Ziel:

Seinen Status ausdrücken

Teilziele	Indikatoren
Hoch- und Tiefstatus nonverbal ausdrücken	verschiedene nonverbale Elemente einsetzen / sich seinem Partner gegenüber positionieren

Vorbereitung/Material:

- Tandems bilden (max. 6 Paare). Die übrigen Teilnehmer sind Zuschauer.
- Ein Tandempartner sitzt auf einem Stuhl, der andere stellt sich in einem Abstand von ungefähr fünf Metern gegenüber.
- Der Trainingsleiter gibt vor, welche Gruppe (stehend/sitzend) welchen Status übernimmt.
- Teilnehmer stimmen sich auf ihren Status ein (sie stellen sich verschiedene Körperhaltungen vor).
- Zur Orientierung: Übersicht mit Ausdrucksmöglichkeiten für Hoch- und Tiefstatus

Hochstatus	Tiefstatus
langsame, ruhige Bewegung wenige Bewegungen entspannt schreiten	schnelle, hektische Bewegungen viele kleine Bewegungen schüchterne, verzagte Bewegungen
den ganzen Stuhl benutzen aufgerichtet; offen sitzen Blickkontakt halten	auf der Sitzkante sitzen sich auf dem Stuhl klein machen Blick immer wieder abwenden und zuwenden / Blick weicht dem anderen aus

Ablauf:

1. Teilnehmer spielen ihre Rolle im Hoch- oder Tiefstatus.
2. Der stehende Tandempartner geht auf den sitzenden Partner zu.
3. Die Positionen werden gewechselt.

Hinweis:

Der Trainingsleiter kann den Status im Sitzen oder Stehen ausprobieren lassen.

Reflexion:

- Welche Erfahrungen haben die Akteure, welche Beobachtungen die Zuschauer gemacht?
- Was wurde eingesetzt?

Variation:

Hoch- und Tiefstatus lösen sich auf.

11. Emotionale Sprache

Ziel:
Sprache im emotionalen Kontext anhand verschiedener Sprechtechniken ausprobieren

Teilziele	Indikatoren
rhythmisch und prosodischer Einsatz der Sprache	den Text wie im Verlauf dargestellt sprechen
Mimik und Gestik im emotionalen Kontext einsetzen	Gefühle werden mit Mimik und Gestik ausgedrückt
motiviertes und entspanntes Sprechen in der Gruppe	gemeinsames Sprechen des Textes
Sprache rollenspezifisch umsetzen	Scham, Kränkung, Wut etc. in Sprache setzen

Vorbereitung/Material:
- Teilnehmer sitzen im Kreis

Ablauf:
Der Trainingsleiter steigt mit einer kleinen Impulsgeschichte ein, um die Teilnehmer emotional einzustimmen.
Der Vorsprecher beginnt, den Text im Rhythmus zu sprechen und zu klatschen.
Die Teilnehmer stimmen ein.

Text: **Vorsprecher:** Wer hat die Stifte aus der Tasche geklaut?*
Alle: Wer hat die Stifte aus der Tasche geklaut?*
Vorsprecher: ____ (Name eines Mitspielers) hat die Stifte aus der Tasche geklaut.*
Alle: ____ (Name eines Mitspielers) hat die Stifte aus der Tasche geklaut.*
Genannter Mitspieler: Wer, ich? (zeigt dabei auf sich und unterstützt das Gesagte durch Mimik)
Vorsprecher und alle anderen: Ja, du! (zeigen dabei auf den genannten Mitspieler)
Genannter Mitspieler: Niemals! (winkt mit der Hand ab)
Vorsprecher und alle anderen: Wer dann? (machen mit den Händen eine fragende Haltung)
Genannter Mitspieler: ____ (Name eines anderen Mitspielers) hat die Stifte aus der Tasche geklaut.
Alle: ____ (Name eines anderen Mitspielers) hat die Stifte aus der Tasche geklaut.*
...

* die Teilnehmer klatschen im Rhythmus abwechselnd in die Hände und auf die Oberschenkel

Reflexion:
- Wie wurden die Rollen empfunden?
- Was hat der Einsatz von Gestik und Mimik bewirkt?

Hinweis:
- Der Text ist angelehnt an „Wer hat die Kekse aus der Dose geklaut“ bzw. „Who stole the Cookie from the Cookie Jar?“. Der Vers wurde für das Warm-up abgeändert. Das Spiel kann beliebig lange durchgeführt werden.

12. Gleiche Inhalte unterschiedlich präsentieren

Ziel:

Ausdruckstechniken gezielt einsetzen

Teilziele	Indikatoren
verschiedene Ausdrucksmittel einsetzen	unterschiedliche emotionale Zustände sprechtechnisch gestalten

Vorbereitung/Material:

- Tandempartner sitzen sich gegenüber (Sender-Empfänger)
- Satzvorgaben auf einem Poster oder mit Hilfe eines Beamers

Ablauf:

1. Der Trainingsleiter zeigt auf den ersten Satz.
2. emotionale Ansage vom Trainingsleiter: z. B.: „Sprechen sie den Satz bitte wütend."
3. Teilnehmer gestalten ihn sprachlich.
4. Der Trainingsleiter zeigt auf die weiteren Sätze.

Satzvorgaben:	Dieser Satz soll wie folgt gesprochen werden:
„Du hast einen neuen Füller."	wütend/erfreut/neidisch
„Morgen kommt wieder Herr Müller zu euch."	beruhigend/warnend/verunsichert
„Du hast eine 3 in dem Test geschrieben."	erstaunt/stolz/entwertend
Je nach Gruppe können weitere Sätze gesprochen werden. Diese werden vom Trainingsleiter angesagt.	

Reflexion:

- Welche sprachliche Gestaltung stimmt mich positiv/negativ?

Variationen:

1. Statt mit Sätzen kann auch mit Sinnloswörtern gearbeitet werden.
   - gastrewe
   - Seikunt
2. Sprechen Sie einen Satz (z. B. „Du hast deine Hausaufgaben nicht dabei.") ca. zehnmal und betonen dabei verschiedene Satzteile, setzen Mimik und Gestik unterschiedlich ein und positionieren sich auf verschiedene Art und Weise (z. B. stehend, sitzend, abwendend, antlitzgerichtet).
3. Die Partner können sich unterschiedlich im Raum positionieren.

5.2 Workshops

5.2.1 Vorbemerkung

Durch die Workshops sollen gezielt Elemente der Lehrersprache geübt werden. Instrumente der Lehrersprache werden dadurch erfahren, erprobt und reflektiert. Je nach Persönlichkeit des Teilnehmers, aber auch je nach Zielsetzung werden unterschiedliche Instrumente individuell eingesetzt.
Die Inhalte der Workshop-Themen[18] stellen eine Auswahl der klassischen Handlungsfelder des Unterrichtens bereit. So kann praxisnah der Einsatz der Lehrersprache erprobt werden. Durch die Übungssituationen haben die Teilnehmer Gelegenheit, die Instrumente der Lehrersprache (siehe Kapitel 4) gezielt und differenziert auszuprobieren. In geschützten „Räumen" kann der Workshop-Teilnehmer seine individuellen sprachlichen Ressourcen erkennen und eventuell erweitern. Zeit, Raum und Vertrauen sind hierbei die Voraussetzungen für eine erfolgreiche Übungssituation.
Die Workshop-Titel benennen die klassischen Unterrichtssituationen. Da die Zielgruppe in allen Übungen immer der Schüler ist, wird in den Untertiteln ein möglicher kindlicher Wunsch formuliert.
In einer Fortbildungsveranstaltung bzw. Seminarsituation werden die Workshops vom Trainingsleiter ausgewählt und vorbereitet.
Für alle Workshops eignet sich die Arbeit mit Kleingruppen, deren Größe variabel sein kann. Bei der Gruppengröße sollte beachtet werden, dass alle Teilnehmer aktiv sind, also die eigene Lehrersprache ausprobiert und reflektiert werden kann. Je größer die Gruppe, desto länger dauert die Übung.
Eine positive Gruppendynamik entsteht eher bei konstanter Gruppenzusammensetzung. Das bedeutet, dass die Kleingruppen viele Workshops durchführen, ohne dass neue Teilnehmer dazukommen oder Teilnehmer in eine andere Gruppe wechseln. Dadurch entsteht Vertrautheit und Vertrauen innerhalb einer Gruppe. Die Kleingruppenmitglieder werden sicherer, agieren offener und reflektieren den Einsatz ihrer Lehrersprache konstruktiver. Dies alles ist wichtig, da durch die Arbeit mit der Lehrersprache ein Teil der eigenen Persönlichkeit abgebildet wird und zur Kritik bereitsteht. Nur in einer sicheren Umgebung kann unbefangen die eigene Sprache präsentiert und reflektiert werden. Ein humorvolles Arbeiten und die Lust am Ausprobieren sind dabei wichtige Indikatoren für ein konstruktives Gruppenverhalten und stehen für eine positive Übungssituation.
In den Workshops 2 (Etwas erklären), 3 (Einen Vortrag halten), 4 (Ein Gedicht vortragen) und 5 (Eine Geschichte erzählen) werden Beispiele für Übungssituationen bzw. Übungsmaterial genannt. Diese Beispiele sind nicht verpflichtend für eine erfolgreiche Umsetzung der jeweiligen Übung. Der Trainingsleiter kann je nach Zielsetzung und Gruppenkonstellation andere Materialien bzw. Situationen wählen.
In vielen Workshops werden Rollenspiele inszeniert. Dabei wird in diesem Training auf ein klassisches Rollenspiel verzichtet. Das Training und die Darstellung stehen ausschließlich im Fokus des Lehrerhandelns. Die Schüler werden lediglich als Ansprechpartner eingesetzt und sollen nicht in dialogische Situationen treten. Teilweise werden dabei Schülertypisierungen vorgenommen, die im alltäglichen Unterricht immer wieder vorkommen. Durch die Auswahl signifikanter Typisierungen sollen Verhaltensmuster dargestellt werden, auf die der Lehrer im Schulalltag immer wieder reagieren muss, um jedem Schüler individuell zu begegnen. In den Übungen werden Situationen gespielt und reflektiert, um sensibler für diese (sprachlichen) Alltagssituationen zu werden.
Für einige Workshops wird Material benötigt, wie zum Beispiel Flipcharts, Stifte, Karten. Das angegebene Material bezieht sich immer auf eine Kleingruppe. Je mehr Kleingruppen vorhanden sind, desto mehr Material sollte zur Verfügung gestellt werden.
Die Sitzordnung innerhalb einer Kleingruppe variiert nach Arbeitsauftrag.

[18] Siehe dazu die Übersichtstabelle auf Seite 56.

Einen wichtigen Bereich stellt die Reflexionsphase (Austausch) dar. Für jeden Workshop sind Fragen formuliert, sodass sich die Teilnehmer zielorientiert über die Übungen austauschen können. Die Austauschphase ist sehr wichtig und sollte immer stattfinden, da sie die Sensibilisierung für die eigene Lehrersprache erhöht, die Wirkung von Sprache bewusst macht und dadurch Veränderungen ermöglicht. In der Austauschphase spielen die Selbst- und Fremdwahrnehmung eine entscheidende Rolle: Fragen, wie zum Beispiel „Wie habe ich mich gefühlt?", „Wie habe ich gewirkt?" und „Wie wurde meine Sprache wahrgenommen?" werden besprochen. Die formulierten Fragen sind jeweils Angebote.
Die Auflistung der Instrumente der Lehrersprache (siehe Seite 39) stellt die signifikanten Instrumente für die entsprechende Übung dar. Sie soll die Selbst- und Fremdwahrnehmung unterstützen.

5.2.2 Trainingsbausteine

Workshops im Überblick	
Titel	**Untertitel: kindlicher Wunsch**
1. Einen Arbeitsauftrag stellen	„Lass mich verstehen, was ich tun soll!"
2. Etwas erklären	„Sag es so, dass ich es verstehen kann!"
3. Einen Vortrag halten	„Sprich so, dass ich viel verstehe und behalte!"
4. Ein Gedicht vortragen	„Zeig mir, wie ich ein Gedicht sprechen kann!"
5. Eine Geschichte erzählen	„Sprich so, dass ich dir folgen mag!"
6. In Beziehung gehen (DVD 3)	„Ich möchte mit dir in Kontakt kommen!"
7. Eine Rückmeldung geben (DVD 5)	„Sag es so, dass ich mich verstanden fühle und gut reagieren kann!"
8. Eine Aufforderung formulieren (DVD 4)	„Sag es mir so, dass ich Lust habe, es zu tun!"
9. Gespräche begleiten	„Hör mir zu und gib mir eine Rückmeldung!"
10. Schüler korrigieren (DVD 6)	„Zeig es mir so, dass ich es richtig sagen kann!"
11. Loben und kritisieren (DVD 7)	„Gib mir ein gutes Feedback!"

Verweist auf die entsprechende Film-Sequenz auf der Begleit-DVD.

1. Einen Arbeitsauftrag stellen

„Lass mich verstehen, was ich tun soll!“

Ziele:

- komplexe Inhalte werden sprachlich differenziert präsentiert
- Inhalte werden von der Zielgruppe verstanden und behalten
- Zielgruppe ist durch die Ansprache motiviert, den Auftrag umzusetzen

Vorbereitung/Material:

- Vom Trainingsleiter vorbereitete Arbeitsaufträge werden gesichtet und ausgewählt. Die Arbeitsaufträge sollten passend auf die Teilnehmer zugeschnitten sein.
- Die Teilnehmer bekommen ca. 5 Minuten Zeit zur Vorbereitung (Lesen und Gestalten des Auftrags).
- 1 Flipchart oder Stellwand, Karten (Signal-/Bildkarten) und Stifte

Ablauf:

1. Der Auftrag wird von einem Teilnehmer rein verbal präsentiert.
2. Der Auftrag wird von einem Teilnehmer non-verbal präsentiert.
3. Verbindung beider Ebenen
4. Die Gruppe wiederholt den Auftrag.

Zentrale Instrumente der Lehrersprache für diese Übung:

Mimik/Gestik
Struktur
Wortwahl
Medien / Schriftsprache
Satzbau (kurze/lange/komplexe Sätze)

Austausch:

- Was hat beim Verstehen und Behalten besonders geholfen?
- Vergleich der Präsentation verbal/nonverbal (Selbst- und Fremdreflexion)

2. Etwas erklären

„Sag es so, dass ich es verstehen kann."

Ziele:

- komplexe Inhalte differenziert darstellen
- Wissen soll verstanden und behalten werden

Vorbereitung/Material:

- 1 Flipchart, Karten und Stifte
- Der Trainingsleiter bietet Begriffe an, von denen sich die Teilnehmer jeweils einen aussuchen, zum Beispiel:
  - kooperatives Arbeiten
  - Differenzierung
  - Individualisierung
- Die Teilnehmer haben ca. 5 Minuten Zeit für die Vorbereitung einer guten Erklärung. Hilfsmittel für eine gute Erklärung:
  - Wort nachsprechen lassen, ggf. in Silben sprechen bei schwer auszusprechenden Wörtern
  - Synonym bilden
  - Beispiele formulieren
  - mit dem Begriff einen Satz bilden

Ablauf:

1. Präsentation einer Erklärung (max. 3 Minuten)
2. Die Zuhörer geben Rückmeldung über ihr Verstehen.

Zentrale Instrumente der Lehrersprache für diese Übung:

Wortwahl
Sprechgeschwindigkeit
ökonomischer Einsatz sprachlicher Mittel
Schrift
Sprechpausen
Sprechmelodie

Austausch:

- Was hat beim Verstehen und Behalten besonders geholfen?
- Wie wurde der Einsatz von Sprechpausen vom Sender und vom Empfänger empfunden?

3. Einen Vortrag halten

„Sprich so, dass ich viel verstehe und behalte!“

Ziele:

- Fachwissen lerngruppenspezifisch vermitteln
- Fachwissen verstehen und behalten

Vorbereitung/Material:

- Vom Trainingsleiter ausgewählte Themen werden gesichtet und ausgewählt.
- Struktur des Vortrags auf Flipchart vorgeben
  zum Beispiel: Einleitung (Begrüßung, Impulsfrage, ...)
  Thema bekanntgeben
  Hauptteil
  Abschluss (Zusammenfassung, Ausblick, ...)
- Die Teilnehmer bekommen ca. 5 Minuten Zeit zur Vorbereitung (Lesen und Gestalten des Vortrags).
- 1 Flipchart oder Stellwand, Karten und Stifte

Ablauf:

1. Der Vortrag wird ohne Unterbrechung gehalten (maximal 5 Minuten).
2. Zuhörer können Fragen über Unklarheiten stellen.

Zentrale Instrumente der Lehrersprache für diese Übung:

Struktur
Sprechmelodie
Sprechgeschwindigkeit
Gestik
ökonomischer Einsatz sprachlicher Mittel
Sprechpausen

Austausch:

- Was hat das Zuhören erleichtert?
- Was hat beim Verstehen und Behalten besonders geholfen?
- Welche Instrumente unterstützten den Vortrag?

4. Ein Gedicht vortragen

„Zeig mir, wie ich ein Gedicht sprechen kann!"

Ziele:

- poetische Sprache wird ausdrucksstark präsentiert
- Artikulation zielgerichtet angewandt
- Lehrer wird als Modell zum Nachsprechen benutzt

Vorbereitung/Material:

- Gedichte werden vom Übungsleiter zur Wahl gestellt und von den Teilnehmern ausgewählt, zum Beispiel: „Sieben kecke Schnirkelschnecken" (Josef Guggenmoos)
  „Morgen im Harz" (Arthur Schopenhauer),
  Gedicht mit Sinnloswörtern (erschwert die Speicherung und muss daher ausdrucksstark präsentiert werden)

  Tela Tola und
  Kape Kola
  gingen im Schira
  auf einen stürmisch kalten Schora.
  Da saßen sie im kalten Rotondo auf einem Rutanda,
  kuschelten sich zusammen und wurden zu einem warmen
  Kapetola.
- Die Teilnehmer bekommen ca. 5 Minuten Zeit zur Vorbereitung (Lesen und Gestalten des Gedichts).

Ablauf:

1. Das ausgewählte Gedicht wird im Ganzen vorgetragen.
2. Das ausgewählte Gedicht wird in sinnvollen Abschnitten vorgetragen, die Zuhörer sprechen jeden Abschnitt nach.

Zentrale Instrumente der Lehrersprache für diese Übung:

Sprechpausen
Artikulation
Mimik/Gestik
Körperhaltung
Sprechmelodie
Positionierung

Austausch:

- Wie wurde das Gedicht sprachlich gestaltet?
- Inwieweit konnte der Lehrer als Modell genutzt werden?

5. Eine Geschichte erzählen

„Sprich so, dass ich dir folgen mag!"

Ziele:

- emotionale Hörbereitschaft schaffen
- Inhalte verständlich präsentieren
- Hörverstehen ermöglichen

Vorbereitung/Material:

- Vom Trainingsleiter ausgewählte kurze Geschichten werden gesichtet und ausgewählt.
  Hinweis: Gut geeignet sind Geschichten, in denen man Sprache und Bewegung kombinieren kann (z. B. „Wir gehen jetzt auf Löwenjagd").[19]
  Die Teilnehmer haben ca. 5 Minuten Zeit zur Vorbereitung (Lesen und Gestalten der Geschichte).

Ablauf:

1. Die Geschichte wird vorgetragen. Der Lehrer bietet ein sprachliches Modell an.
2. Die Zuhörer erzählen die Geschichte nach. Der Erzähler beobachtet dabei, welche von ihm verwendeten Instrumente beim Wiedergeben wiederholt werden.

Zentrale Instrumente der Lehrersprache für diese Übung:

Gestik/Mimik
Sprechmelodie
Sprechpausen
Artikulation

Austausch:

- Was hat Lust aufs Zuhören gemacht?
- Wodurch wurde die Aufmerksamkeit gehalten?
- War der Erzähler ein Modell?

[19] www.mehr-bewegung-in-die-schule.de/05201_loewenjagd.PDF

6. In Beziehung gehen

„Ich möchte mit dir in Kontakt kommen!"

Ziele:

- Lehrersprache authentisch und zielgerichtet einsetzen
- durch Art der Ansprache die Persönlichkeit des Schülers berücksichtigen
- durch die individuelle Ansprache einen positiven Kontakt herstellen

Vorbereitung/Material:

- Schilder, auf denen die in Übung b genannten individuellen Eigenschaften von Schülern verschriftlicht sind. Die Rollen werden vor Spielbeginn verteilt, um sich emotional darauf einzustimmen.

Ablauf:

a) Begrüßung einer ganzen Gruppe:
   1. nonverbal
   2. mit einem selbst gewählten Begrüßungsformat: z. B. „Guten Morgen, liebe Schüler / Herzlich willkommen zum Unterricht …"

b) individuelle Begrüßung:
   Der Lehrer gestaltet seine Begrüßung entsprechend der Personenzuschreibung, z. B.:
   - der ängstliche Schüler
   - der aggressive Schüler
   - der distanzlose Schüler
   - der teilnahmslose Schüler
   - der motorisch unruhige Schüler

Zentrale Instrumente der Lehrersprache für diese Übung:

Wortwahl
differenzierte Ansprache
Sprechmelodie
Körperhaltung
Mimik
Gestik
Positionierung

Austausch:

- Wie erging es mir beim Senden (nonverbal und verbal)?
- Wie habe ich nonverbal meine Lehrerperson inszeniert (Blickkontakt, Körperhaltung, Positionierung, …)?
- Welche Gefühle erzeugten die Begrüßung der Gruppe und die individuelle Begrüßung bei mir als Empfänger?

7. Eine Rückmeldung geben

„Sag es so, dass ich mich verstanden fühle und gut reagieren kann!"

Ziele:

- Botschaften nonverbal rückmelden
- Schülerverhalten positiv steuern (verstärken und verändern)
- Bewertungen in einfache sprachliche Form bringen, sodass Schüler diese gut verstehen können
  - Lob schülergerecht formulieren
  - konstruktiv kritisieren
  - Alternativen schülergerecht formulieren

Vorbereitung/Material:

- Die Teilnehmer sichten vorgegebene Beispiele.
- Jeder Teilnehmer entscheidet sich für mindestens 2 Beispiele.
- Die Teilnehmer haben 3 Minuten Zeit zur Vorbereitung der sprachlichen Rückmeldung.

Folgende Szenen sollen gespielt werden:

- Einige Schüler nehmen ihren Platz nicht ein, andere sitzen bereits. Der Lehrer möchte, dass alle ihren Platz einnehmen und spiegelt positiv.
- Dem Lehrer ist es zu laut. Er gibt mit dem Ziel, dass es leiser wird, Rückmeldung.
- Der Lehrer lobt die Gruppe, da diese sehr gut zugehört hat.
- Die Schüler arbeiten in Zweiergruppen. Der Lehrer gibt einem Team folgende Rückmeldung:
  - Lob für gute Vorbereitung der Stationsarbeit,
  - Kritik, dass sie sich noch nicht gut genug absprechen,
  - Lehrer nennt Ideen, wie sich die Schüler besser absprechen können.

Ablauf:

1. Die Gruppe spielt eine Szene.
2. Der Lehrer gibt Rückmeldung.
   Die Variationen mit der Ansprache du / ihr sollen dabei ausprobiert werden.

Zentrale Instrumente der Lehrersprache für diese Übung:

differenzierte Ansprache
Wortwahl
Sprechmelodie
Positionierung/Körperhaltung

Austausch:

- Wie wirkt die unterschiedliche Ansprache DU/IHR (Fremdwahrnehmung/Selbstwahrnehmung)?
- Wie habe ich als Schüler die Rückmeldung empfunden? (Welche Rückmeldung war konstruktiv?)
- Welche Rolle spielt die Positionierung des Lehrers?

8. Eine Aufforderung formulieren

„Sag es mir so, dass ich Lust habe, es zu tun!“

Ziele:

- durch Ansprache in Beziehung kommen
- Lehreransprache so wählen, dass sich jeder Schüler motiviert fühlt, zu arbeiten

Vorbereitung/Material:

- Die Gruppe teilt sich auf in Schüler und einem Lehrer.
- Schilder mit Verhaltensmustern, zum Beispiel: „der Losrenner“, „der Sitzenbleiber“, „der Immer-Frager“, „der Das-kann-ich-nicht-Sprechende“
  Diese Schilder werden verdeckt hinter die Schüler gelegt.
- Der Lehrer überlegt sich, passend zu den Verhaltensmustern, Aufforderungen, damit die Schüler beispielsweise eine Stationsarbeit beginnen.

Ablauf:

1. Der Lehrer gibt jedem Schüler eine angemessene sprachliche Instruktion (ohne Unterbrechung).
2. Die Schüler vermuten ihr Verhaltensmuster und begründen es.
   Beispiel: „Ich bin der _______, weil du ______.“

Zentrale Instrumente der Lehrersprache für diese Übung:

differenzierte Ansprache
Wortwahl
Sprechmelodie
Positionierung
Mimik/Gestik

Austausch:

- Welche Instrumente wurden vom Sender eingesetzt und wie haben sie auf den Empfänger gewirkt (Fremdwahrnehmung/Selbstwahrnehmung)?
- Wodurch habe ich Lust bekommen, die Arbeit, z. B. Stationsarbeit, zu beginnen?

9. Gespräche begleiten

„Hör mir zu und gib mir eine Rückmeldung!“

Ziele:

- Gesprächsbereitschaft schaffen
- Transparenz über einen Gesprächsverlauf führen
- Gesprächsinhalte festhalten und wertschätzen (aktives Zuhören)

Vorbereitung/Material:

- Aufbau: Gesprächskreis (3–4 Personen) + ein Lehrer (1 Person)
- Gesprächsregeln bekannt geben: Meldekette/Zeitwächter beachtet, dass pro Beitrag max. 30 Sekunden zur Verfügung stehen
- Thema bekanntgeben:
  Vorschlag:
  a) Sollte sich ein Lehrer piercen dürfen?
  b) meine Meinung zur Inklusion
  c) Welche Art von Unterrichtsstörung fordert mich am meisten heraus?
- Die Teilnehmer haben max. 5 Minuten Zeit, sich einen Gesprächsbeitrag zu überlegen und auf Karten Stichworte zu schreiben.
- Der Gesprächsleiter bekommt Karten und Stifte.
  Eine Stellwand steht für die Zusammenfassung des Gespräches zur Verfügung.

Ablauf:

1. <u>Gesprächseinstieg:</u> Der Lehrer gibt einen kleinen verbalen Impulsvortrag zum Einstieg für das Gespräch.
2. <u>Gesprächsverlauf:</u> Während des Gesprächs werden die Kernaussagen vom Lehrer auf Karten festgehalten (Schriftsprache, Zeichnungen, …). Der Lehrer positioniert sich außerhalb des Gesprächskreises.
3. <u>Gesprächsabschluss:</u> Nach 5 Minuten wird das Gespräch freundlich beendet.
4. <u>Gesprächszusammenfassung:</u> Der Lehrer fasst anhand der Karten die Kernaussagen wertschätzend zusammen.

Zentrale Instrumente der Lehrersprache für diese Übung:

Schrift
Wortwahl
Satzbau
Medien

Austausch:

- Wie hat mich der Lehrer zum Sprechen motiviert?
- Wurden Inhalte treffend erfasst?
- Wurde die Gesprächszusammenfassung wertschätzend präsentiert?
- Haben die Medien die Inhalte passend wiedergegeben?

10. Schüler korrigieren

„Zeig es mir so, dass ich es richtig machen kann!“

Ziel:

- falsche sprachliche Schüleräußerung korrigieren

Vorbereitung/Material:

- Die Gruppe teilt sich auf in Schüler und einem Lehrer.
- Sprachliche Problemstellungen sind auf Karten vorgegeben.
- Die Schüler ziehen eine Karte und bereiten sich vor.

Ablauf:

- Ein Schüler spricht seinen Satz laut.
- Der Lehrer korrigiert zielgerichtet und motiviert den Schüler zum richtigen Sprechen.
- Wiederholung, bis jeder Schüler sich korrigiert hat.

Das ist ein Tomputer (Computer).	Wir waren in den Ferien nach Türkei. (in der)
Wir haben spielt (gespielt).	Er hat mich tehauen (gehauen).
Ich hole den Stift Tasche (aus der Tasche).	Ich fande gut (fand).
Ich Kreide holen (hole Kreide).	In der Schultasse ist das Buch (Schultasche).
Ich habe im Winter keine Mütte auf dem Kopf (Mütze).	Ich bin traurig, wegen der Hans mich gehauen hat (weil).
Ich gehe nicht nach Hause, weil meine Mutter holt mich ab (weil meine Mutter mich abholt).	Wann Stunde fertig? (ist die Stunde fertig)?

Zentrale Instrumente der Lehrersprache für diese Übung:

Artikulation
Sprechmelodie
Mimik
Gestik
Sprechgeschwindigkeit
Sprechpause

Austausch:

- Was hat mich motiviert, mitzusprechen/nachzusprechen?
- Wodurch wurde die sprachliche Zielstruktur gekennzeichnet?

11. Loben und Kritisieren

„Gib mir ein gutes Feedback!“

Ziele:

- spontane Botschaften empathisch und personenbezogen formulieren
- Bewertungen in kurze sprachliche Form bringen, sodass Schüler diese gut verstehen können.
  - Lob schülergerecht formulieren
  - konstruktiv kritisieren
  - Alternativen schülergerecht formulieren

Vorbereitung/Material:

- Allen Teilnehmern wird jeweils eine Karte mit einem klassischen Schülerverhalten so auf den Rücken gehängt, dass nur die anderen Teilnehmer die Beschreibung lesen können.

Ablauf:

1. Die Teilnehmer wenden sich einem Partner zu und lesen die Information auf dem Rücken.
2. Die Information wird in eine konstruktive sprachliche Form gefasst und dem Partner übermittelt.
3. Wiederholung von 1. und 2., bis sich alle Teilnehmer gegenseitig ihre Information vermittelt haben.

<u>Vorschläge für die Informationen auf dem Rücken</u>

a) gute Darstellung von Rechenwegen
b) passive Beteiligung am Unterrichtsgespräch
c) Schreiben von fantasievollen Geschichten
d) schöne Schrift
e) hilfsbereit
f) hält sich nicht an die Melderegeln
g) Chaos auf dem Arbeitsplatz

Zentrale Instrumente der Lehrersprache für diese Übung:

Satzbau
Wortwahl
Sprechmelodie
Positionierung
Mimik/Gestik
Körperhaltung

Austausch:

- Was habe ich für eine Stärke/Schwäche?
- Welche Art und Weise der Rückmeldungen konnte ich gut annehmen?

5.3 Transferübungen für den Schulalltag in der Grundschule

5.3.1 Vorbemerkung

Die Lehrersprache in Übungssituationen außerhalb des Unterrichts zu trainieren, ist für die Entwicklung der eigenen Sprache und der gesamten Lehrerpersönlichkeit sehr bedeutend. Der geschützte Rahmen hilft, sich den Aspekten von Lehrersprache in Ruhe und in einer entspannten Situation zu widmen und Zeit für die Reflexion des Einsatzes von Instrumenten zu haben.

Werden bei der theoretischen Beschäftigung mit dem Thema Lehrersprache individuelle Schwerpunkte gesetzt, sollten diese außerhalb des Alltages erprobt werden. Dabei werden Erfahrungen gemacht, die langfristig den weiteren Einsatz der Lehrersprache im Alltag prägen. Ein Gefühl für die eigene Sprache im täglichen Einsatz wird entwickelt. Der Fokus liegt darauf, wie man sich in bestimmten Unterrichtssituationen sprachlich verhält und seine Sprache zielgerichteter einsetzt. Hinweis: In diesem Zusammenhang würde eine komplexe Problemanalyse zu weit weg vom Ziel der Übungen führen. Im Zentrum der Beobachtung liegt primär das eigene Sprachverhalten mit der Leitfrage: Was mache ich konkret sprachlich?

Ergibt sich jedoch nicht die Gelegenheit für ein Training in einem geschützten Rahmen, so kann man seine Lehrersprache auch ohne vorherige Übungen direkt im Unterricht beobachten und reflektieren. Eine theoretische Auseinandersetzung mit Instrumenten der Lehrersprache zur Sensibilisierung und Vertiefung ist vorher jedoch unumgänglich.

Es werden Übungen vorgeschlagen, die regelmäßig im Unterricht eingesetzt werden können. Es handelt sich dabei um Situationen, die in allen Klassenstufen und Lernbereichen vorkommen, sodass ein Training in authentischen Kontexten möglich ist.

Wenn es die Schulsituation zulässt, können Kollegen das sprachliche Geschehen beobachten und dokumentieren. In der anschließenden Reflexion im Team werden Fremd- und Selbstwahrnehmung ausgetauscht. Der Blick „von außen“ kann sehr hilfreich sein, da es für den unterrichtenden Lehrer nicht immer leicht ist, gleichzeitig sich selbst und die Schüler zu beobachten. Zudem nimmt man als Beobachter Geschehen anders wahr und beobachtet Dinge, die man als Agierender eventuell nicht im Blick hatte. Unterstützend für die Reflexion und der Selbstwirksamkeit kann ebenso der Einsatz von Video- oder Tonbandaufnahmen sein. Diese Aufzeichnungen sollten grundsätzlich mit einer positiven und wertschätzenden Grundhaltung angeschaut werden.

Die im Kapitel 6.1 angebotenen Beobachtungsprotokolle dienen ebenfalls der Unterstützung des reflexiven Erfahrungslernens in der Anwendung einer zielorientierten Lehrersprache.

Es kann aus folgenden Übungen für den Schulalltag ausgewählt werden:

Übung 1	Begrüßung der Schüler
Übung 2	Individuelles Ansprechen
Übung 3	In ein Thema einführen
Übung 4	Mut machen
Übung 5	Eine Geschichte erzählen
Übung 6	Loben
Übung 7	Zuhören und Rückmelden
Übung 8	Alltagssprache – Bildungssprache
Übung 9	Fragen stellen

5.3.2 Trainingsbausteine

Übung 1: Begrüßung der Schüler

Begrüßen Sie die Schüler ganz bewusst und individuell. Lassen Sie die einzelnen Schülerreaktionen auf sich wirken. Leitfragen können dabei sein: Welchen emotionalen Bezug hatte ich zu bestimmten Begrüßungsformen und wie reagierte die Gruppe bzw. der Einzelne? Was passt zu mir, was ist eher noch ungewohnt?

Mögliche Begrüßungen:
- rein nonverbale Begrüßung (Variieren Sie dabei Ihre Mimik, Gestik, Körperhaltung und achten auf Ihre Positionierung.)
- verbale Begrüßung (Probieren Sie vor allem die Instrumente Wortwahl und Intonation aus.)
- individuelle Ansprache (Probieren Sie die persönliche Begrüßung mit DU und die Gruppenbegrüßung mit IHR aus.)

Übung 2: Individuelles Ansprechen

Vorbereitung: Achten Sie darauf, wie Schüler ihre Arbeit nach einer Einführungsphase beginnen. Beginnt zum Beispiel die Arbeit im Lernbüro, beobachten Sie zunächst, wer welches Verhalten zeigt. Ist ein Kind eher schüchtern, zögert es bei der Wahl der Tätigkeit, ist es sehr motiviert und beginnt sofort, spricht das Kind ungern mit Klassenkameraden oder fragt es immer erst Sie als Lehrer, was es machen soll?

Planen Sie ihre sprachliche Gestaltung: Wie möchten Sie die Kinder individuell ansprechen, um jedem eine erfolgreiche Arbeit zu ermöglichen? Überlegen Sie sich genau, welche nonverbalen und verbalen Instrumente Sie wie einsetzen und welche Wirkung der Einsatz Ihrer Lehrersprache haben soll (Wortgestaltung, Ansprache, Positionierung etc.).

Durchführung: Probieren Sie anschließend im Unterricht ihre persönliche Ansprache aus und lassen Sie die Reaktion auf sich wirken. Variieren Sie ggf. den Einsatz der Instrumente und beobachten Sie dabei immer genau die Reaktion der einzelnen Schüler.

Übung 3: In ein Thema einführen

Wenn Sie ein Thema einführen, beachten Sie dabei folgende Instrumente der Lehrersprache:

- paraverbale Instrumente:
  - Sprechgeschwindigkeit
  - Sprechpausen
  - ökonomischer Einsatz sprachlicher Mittel
  - Sprechmelodie
- sprachunterstützende Instrumente
  - Medien
  - Schrift

Achten Sie genau auf die Wirkung der einzelnen Instrumente. Wie nehmen Sie selbst die Instrumente wahr und welche Reaktion zeigen die Schüler?

Übung 4: Mut machen

In jeder Klasse gibt es Schüler, die nicht gern mitarbeiten. Machen Sie sich diese Situationen bewusst und beobachten Sie Ihr Sprachverhalten dabei: Wie reagieren Sie verbal, wie nonverbal? Sprechen Sie den Schüler im Hoch- oder Tiefstatus an, um ihn zur Arbeit zu motivieren? Reden Sie sehr viel auf ihn ein oder setzen Sie Ihre Sprache ökonomisch ein? Probieren Sie anschließend verschiedene Instrumente aus. Konzentrieren Sie sich vor allem auf Ihre Körperhaltung und Ihren Status. Wie reagiert der Schüler nonverbal auf Ihr Mut machendes Angebot?

Achtung: Das gesprochene Wort kann bei Schülern und Lehrern konträr zu Mimik und Gestik sein und andere Botschaften senden (Beispiel: Der Schüler reagiert sprachlich demotivierend, zeigt jedoch mimisch Interesse.).

Übung 5: Eine Geschichte erzählen

Beim Erzählen ist entscheidend, was Schüler benötigen, um das Gehörte zu verstehen (Wortschatz), gut zuzuhören (Hörverarbeitung, Konzentration) und das Gehörte wiederzugeben (Gedächtniskapazität, aktiver Sprachgebrauch).

Wenn Sie das nächste Mal eine Geschichte erzählen, trainieren Sie vor allem folgende Instrumente:

- sprachunterstützende Instrumente
  - Schrift
  - Medien
- verbale Instrumente
  - Satzbau
  - Struktur
- paraverbale Instrumente
  - Sprechpausen

Wie können die Schüler besonders gut zuhören? Wie können Inhalte verstanden und gut wiedergegeben werden? Welche sprachunterstützenden Instrumente können dabei helfen? Welche Bedeutung haben dabei die Wortwahl, der Satzbau und die Struktur?

Übung 6: Loben

Gelobt zu werden ist für Schüler sehr wichtig. Ihr Selbstvertrauen wird dadurch verbessert. Loben beeinflusst den gesamten Lernprozess: Schüler werden angespornt, weiterzuarbeiten und positives Verhalten wird verstärkt. Gelobte Schüler erhalten von den Klassenkameraden Aufmerksamkeit und übernehmen eine Vorbildfunktion. Dabei ist die Art des Lobens bedeutend: Ist das Lob authentisch? Kommt das Lob zur richtigen Zeit? Sind die Worte so gewählt, dass das Lob verstanden und verinnerlicht wird? Ist das Lob zielgerichtet?

Beobachten Sie Ihr Lob-Verhalten im Unterricht darauf,
- wie oft und in welchen Situationen Sie loben,
- wie Ihre Positionierung und Ihre Körperhaltung ist: Wie nah sind Sie einem Schüler beim Loben, wo stehen Sie, welchen Status nehmen Sie ein?,
- welche Worte Sie wählen: Setzen Sie Lob gezielt ein oder loben Sie eher allgemein, sprechen Sie Schüler mit Namen an („Dennis, das hast du sehr sorgfältig geschrieben“) oder verwenden Sie kurze Satzfragmente ohne Namensnennung („super“)?
  und
- wie Sie Gesten und Mimik einsetzen, die Sie zusätzlich zu gesprochener Sprache oder statt Verbalsprache verwenden (z. B. Daumen nach oben und ein Lächeln).

Ihnen wird auffallen, wie Schüler auf unterschiedliches Lob-Verhalten reagieren, und Sie werden Instrumente der Lehrersprache differenziert einsetzen. Achten Sie beim Loben vor allem auf folgende Instrumente:

- nonverbale Instrumente
  - Mimik
  - Gestik
  - Positionierung (Welchen Status nehmen Sie ein?)
  - Körperhaltung
- verbale Instrumente
  - Wortwahl
  - differenzierte Ansprache

Übung 7: Zuhören und Rückmelden

Zuhören ist eine passive Form der Kommunikation und trägt entscheidend zu einer gelungenen Umsetzung bei. Es beeinflusst den Sprecher enorm und kann diesen in seinem Redeverhalten bremsen oder stärken.

In dieser Übung geht es darum, sich verbalsprachlich zurückzunehmen und das Zuhörverhalten zu trainieren, während ein Schüler einen Vortrag hält oder etwas präsentiert.
- Wie hören Sie zu? (Welche Körperhaltung nehmen Sie ein, gucken Sie den Schüler an, schreiben Sie nebenbei etwas in das Klassenbuch oder machen Sie sich Notizen zum Vortrag?)
- Melden Sie sich, wenn Sie eine Frage haben oder reden Sie dazwischen?
- Fassen Sie die Inhalte am Ende zusammen? Wenn ja, wie machen Sie das? Verwenden Sie dazu sprachunterstützende Instrumente, um sich u. a. in Ihrer Verbalsprache zurückzunehmen?

Achten Sie darauf, welches Verhalten Sie während einer Schülerpräsentation zeigen. Trainieren Sie Ihr aktives Zuhören und die anschließende Zusammenfassung. Achten Sie dabei vor allem beim Zuhören auf Ihre Gestik, Mimik und Körperhaltung. Verwenden Sie bei der Zusammenfassung zielgerichtete, sprachunterstützende Instrumente.

Übung 8: Alltagssprache – Bildungssprache

Formulieren Sie einen Auftrag auf zwei sprachlichen Niveaus: 1. in der Alltagssprache und 2. in der Bildungssprache (Bsp.: „Was ist denn das?“ versus „Formuliere bitte eine Definition.“). Beobachten Sie dabei Ihre Sprachgestaltung (z. B. Sprechgeschwindigkeit und Sprechmelodie).

Übung 9: Fragen stellen

In Ihrem Alltag stellen Sie permanent Fragen. Beobachten Sie sich dabei unter den folgenden Aspekten und probieren Sie verschiedene Fragevarianten aus:

Wozu: Mit welchem Ziel stelle ich die Fragen?
Wie: Welche Instrumente setze ich ein (Wortwahl, Tonlage, Körperhaltung)?

Hinweis: Bei dieser Übung sollten nur zentrale sowie immer wiederkehrende Frageformen in den Blick genommen werden (z. B. bei der Absicherung des Arbeitsauftrages oder bei der Frage nach den Hausaufgaben). Spontane Fragen sollten entspannt, lebendig und unkommentiert bleiben, um den Unterricht nicht zu statisch werden zu lassen.
s

6 Reflexion

Um die eigene Sprache im Unterricht sicher und effizient einzusetzen und an dieser nachhaltig und selbstwirksam zu arbeiten, bedarf es einer kontinuierlichen Reflexion.

Folgende Stufen der Reflexion müssen dabei beachtet werden:
1. Sich erinnern: Wie ist es gelaufen?
2. Was war das Ziel der sprachlichen Intervention?
3. Was habe ich erreicht und wodurch habe ich es erreicht?
4. Was möchte ich noch erreichen?
5. Mit welchen Instrumenten kann dies geschehen?
6. Was will ich in dieser Situation das nächste Mal anders machen?

Um den eigenen sprachlichen Einsatz zu reflektieren, ist man als Lehrer Akteur und Beobachter in ein und derselben Szene. Die sprachlichen Aktionen zielorientiert im Nachhinein zu erinnern, zu analysieren und daraus sinnvolle Alternativen zu entwickeln, ist sehr komplex und bedarf Übung. Eine große Schwierigkeit liegt darin, dass man den Prozess beobachten möchte und sich gleichzeitig in Aktion befindet. So kann es hilfreich sein, die Aufgabe des Beobachtens von der tatsächlichen Handlung zu trennen. Dies kann durch Kollegen geschehen (Selbstwahrnehmung versus Fremdwahrnehmung). Auch Tonbänder oder Videoaufnahmen nehmen den Prozess des Beobachtens wirksam und nachhaltig ab. Selbstverständlich ist es auch möglich, die Reflexion für sich selbst durchzuführen (nur Selbstwahrnehmung möglich).

Der Fokus der Beobachtung sollte grundsätzlich auf nur wenige Handlungen des Unterrichtens gerichtet sein. „Weniger ist mehr" bedeutet hier, sich intensiv einigen Unterrichtssituation zu widmen, um den Einsatz der sprachlichen Instrumente zu beobachten und zu reflektieren. Dabei ist es wichtig, den Blick nicht auf ein isoliertes Instrument (z. B. „Ich beobachte heute nur meine Wortwahl."), sondern auf eine isolierte Handlung zu richten. („Welche Instrumente setze ich tatsächlich beim Stellen eines Arbeitsauftrages ein? / Welche könnte ich verstärken oder reduzieren?")

Man kann diese Reflexion in einer Art Tagebuch, Logbuch oder Sprachportfolio dokumentieren. Auch die Dokumentation durch einfache Karteikarten ist möglich.

Die Schriftsprache verstärkt die Verankerung von Gedanken. Als Unterstützungselement sind daher in Kapitel 6.1 einige Beobachtungsprotokolle angeboten. Sie dienen lediglich als Vorlage, um eigene Beobachtungen oder Beobachtungen durch andere in den Blick zu nehmen. Daran anknüpfend kann man sich ein eigenes Sprachportfolio erarbeiten. In Kapitel 6.2 werden Anregungen zum Formulieren eigener sprachlicher Ziele, aufbauend auf den Unterrichtsbeobachtungen, gegeben.

6.1 Beobachtungsprotokolle

Beobachtungsprotokoll 1: „Meine sprachlichen Aktivitäten"

Aktivität	Ziel der Aktivität	verbale Instrumente	nonverbale Instrumente	paraverbale Instrumente	sprachunterstützende Instrumente
Ich lobe.					
Ich zeige Freude.					
Ich zeige meinen Ärger.					
Ich ermutige.					

Beobachtungsprotokoll 2: „Meine sprachlichen Aktivitäten"

Aktivität	Ziel der Aktivität	verbale Instrumente	nonverbale Instrumente	paraverbale Instrumente	sprachunter-stützende Instrumente
Ich tröste.					
Ich diszipliniere.					
Ich erkläre.					
Ich korrigiere.					

Beobachtungsprotokoll 3: „Meine sprachlichen Aktivitäten" (Blanko-Vorlage)

Aktivität	Ziel der Aktivität	verbale Instrumente	nonverbale Instrumente	paraverbale Instrumente	sprachunterstützende Instrumente

Beobachtungsprotokoll 4: „Meine Art der Fragestellungen"

Frage	Ziel der Frage	verbale Instrumente	nonverbale Instrumente	paraverbale Instrumente	sprachunter-stützende Instrumente
Verständnisfrage (Begriffsklärung, Problemerfassung, etc.)					
Wissensfrage (Lerninhalte, Abfragen von Fachwissen, etc.)					
Impulsfrage					
Informationsfrage (organisatorische Fragen zum Ausflug, Terminabfragen, etc.)					

6.2 Ziele

Aus den Erfahrungen und Beobachtungen mit der eigenen Lehrersprache können sich neue Ideen, Wünsche oder Haltungen ergeben. Um an diesen zu arbeiten, bietet sich eine konkrete Zielerstellung an. Beispiele für Zielformulierungen sind: „Ich spreche kurze, vollständige Sätze.“, „Ich setze Gesten parallel zur Verbalsprache ein.“ oder „Ich mache Pausen vor wichtigen Begriffen.“

Hinweise:

- Es ist ratsam, sich für nur ein einziges Ziel zu entscheiden. Weniger ist mehr.
- Das Ziel sollte eine konkrete sprachliche Tätigkeit darstellen (Kompetenz), die im Unterricht überprüft werden kann.

Beispiel für ein sprachliches Ziel im Sinne der Kompetenzorientierung

Mein nächstes sprachliches Ziel (Kompetenzformulierung):

Ich formuliere mein Lob durch kurze und eindeutige Sätze.

Was will ich damit erreichen?

– Das Lob wird inhaltlich transparent gemacht.
– Ich biete den Schülern ein sprachliches Modell zum Selberloben.

Woran erkenne ich, dass ich es erreicht habe?

– Der Schüler benennt die Inhalte, die bei ihm gelobt wurden.
– Schüler benutzen meine Formulierungen, um andere zu loben.

Was will ich dafür tun?

– Vorkonstruierte Sätze für mich vorher aufschreiben.
– Im Klassenrat das Lob der Schüler schriftsprachlich auf Karten festhalten (Lernplakat).

Was brauche ich?

– Das Lob rückmelden lassen. Schüler sagt: „Dir hat gefallen, dass …“
– Austausch mit Kollegen
– Fachliteratur zum Thema Loben

Zeitrahmen zum Ausprobieren (Termin der nächsten Beobachtung):

– 2 Wochen (……. / ……. / …….)

Meine Weiterarbeit im Bereich Lehrersprache

Mein nächstes sprachliches Ziel (Kompetenzformulierung):

Was will ich damit erreichen?

Woran erkenne ich, dass ich es erreicht habe?

Was will ich dafür tun?

Was brauche ich?

Zeitrahmen zum Ausprobieren (Termin der nächsten Beobachtung):

7 Resümee

Durch Erfahrung entsteht eine Haltung!

Die Lehrersprache ist eines der wichtigsten Instrumente für die Lehrer im Unterricht. Erfahrungen können durch die Umsetzung der vielen Übungen und die theoretische Auseinandersetzung mit dem Thema Lehrersprache gemacht werden. Lehrersprache ist trainierbar und damit auch erlernbar. Wohin der eigene Weg führt, ist jedoch offen. Jeder Weg ist individuell.

Ein offener und humorvoller Umgang mit den Übungen ist für die Autorinnen ein wichtiges Anliegen. So wünschen wir viel Erfolg, neue Erkenntnisse und vor allem viel Freude dabei!

Quellenverzeichnis

Bovet, Gislinde (2010): Beratung, Supervision und Coaching – was gehört in die Lehrerausbildung und was sollten Ausbilderinnen können?, in: SEMINAR 4/2010: Beratung Coaching Supervision, bak-Vierteljahresschrift 16. Jahrgang, Seite 5–16

Dannenbauer, Friedrich Michael (2006): Grammatik, in: Baumgartner, Stephan / Füssenich, Iris (Hrsg.): Sprachtherapie mit Kindern, 5. Auflage, Reinhardt UTB, Seite 105–161

Die Zeit (03.05.2007 Nr. 19): Red mit mir! Viel!

Gogolin, Ingrid / u. a. (2011): Förderung von Kindern und Jugendlichen mit Migrationshintergrund. Bilanz und Perspektiven eines Modellprogramms, FörMig Edition Band 7, WAXMANN Verlag

Landesinstitut für Lehrerbildung und Schulentwicklung (2011): Referenzrahmen für die Ausbildung von Referendarinnen und Referendaren

Leisen, Josef (2011): Sprachsensibler Fachunterricht, in: http://www.sprachsensiblerfachunterricht.de/veroeffentlichungen/06%20Sprachsensibler%20Fachunterricht%20BLuS_Heft8_2011.pdf

Leisen, Josef (2010): Handbuch Sprachförderung im Fach – Sprachsensibler Fachunterricht in der Praxis. Autorisierter Sonderdruck für die Teilnehmer an Seminaren der Zentralstelle für das Auslandschulwesen, Köln, alle Rechte vorbehalten: Varus-Verlag 2011

Klippert, Heinz (2006): Kommunikations-Training. Übungsbausteine für den Unterricht, BELTZ-Verlag

Mayer, Andreas (2003): Möglichkeiten der Sprach- und Kommunikationsförderung im Unterricht mit sprachentwicklungsgestörten Kindern; in: Die Sprachheilarbeit Jg. 48 (1) Februar 2003

Meyer, Hilbert (2004): Was ist guter Unterricht?, Cornelsen Scriptor

Molcho, Samy (2001): Alles über Körpersprache – sich selbst und andere besser verstehen, Mosaik-Verlag

Plath, Maike (2010): „Spielend“ unterrichten und Kommunikation gestalten. Warum jeder Lehrer ein Schauspieler ist, Beltz-Verlag

Rubert, Irina / Schönauer-Schneider, Wilma (2008): Unterscheidet sich sprachheilpädagogischer Unterricht vom Unterricht der Allgemeinen Schule?; in: Die Sprachheilarbeit Jg 53 (6) Dezember 2008; Seite 324–333

Reber, Karin / Schönauer-Schneider, Wilma (2009): Bausteine sprachheilpädagogischen Unterrichts, reinhardt Verlag, Seite 45–52

Schmitt, Katrin / Weiß, Petra (2004): Sprach- und Kommunikationsverhalten der Lehrkraft als Mittel unterrichtsimmanenter Sprach- und Kommunikationsförderung; in: Grohnfeld, Manfred (Hrsg.): Lehrbuch der Sprachheilpädagogik und Logopädie, Band 5 Bildung, Erziehung und Unterricht, Kohlhammber Verlag, Seite 167–179

Schönauer, Wilma (2008): Monitoring des Sprachverstehens (MSV), comprehension monitoring – Welche Bedeutung hat es für Kinder mit rezeptiven Sprachstörungen?, in: Die Sprachheilarbeit 53 (2000) 2, S. 72–82

Sekretariat der Ständigen Konferenz der Kultusminister der Länder in der Bundesrepublik Deutschland (1998): Empfehlungen zum Förderschwerpunkt Sprache. Beschluss der Kultusministerkonferenz vom 26.06.1998

Weinert, Franz E. Hrsg. (2001): Leistungsmessungen in Schulen, Beltz-Verlag

Wendland, Wolfgang (2011): Sprachstörungen im Kindesalter, Thieme Verlag, 6. Auflage

Westdörp, Anke (2010): Möglichkeiten des gezielten Einsatzes der Lehrersprache in kontextoptimierten Lernsituationen zum sprachfördernden Unterricht; in: Die Sprachheilarbeit 1/2010, Seite 2–8

Welling, Alfons (2006): Einführung in die Sprachbehindertenpädagogik, Reinhardt

Ziener, Gerhard (2008): Bildungsstandards in der Praxis. Kompetenzorientiert unterrichten, Klett Kallmeyer-Verlag